Die ländliche Küche Spaniens

Pepita Aris

Die ländliche Küche Spaniens

Spezialfotos von
Linda Burgess

BECHTERMÜNZ VERLAG

Für meine Mutter,
die mir meinen Vornamen gab
und ein Haus in Spanien kaufte

Genehmigte Lizenzausgabe für
Bechtermünz Verlag im
Weltbild Verlag GmbH, Augsburg 1996

Umschlagbild: Stock Food, München
Umschlaggestaltung: Claus Danner, Augsburg
Gesamtherstellung: New Interlitho, S.P.A.
Printed in Italy
ISBN 3-86047-279-8

INHALT

VORWORT

In der spanischen Küche spiegelt sich eine Welt der Sonne und der Farben. Obst und Gemüse werden erst vollreif geerntet, und Fische und Meeresfrüchte kommen direkt aus dem Meer auf den Tisch. Das Essen ist bodenständig und unverfälscht. *No se admiten trampas en la cocina,* würden die Spanier sagen – in der Küche duldet man keine Schwindelei.

Für die meisten Feinschmecker ist die spanische Küche unerforschtes Neuland; denn ihre Bekanntschaft mit diesem schönen Land beruht in vielen Fällen auf Ferienreisen an die sonnigen Strände. Die Welt der spanischen Dörfer aber kennen nur die wenigsten, und wahrscheinlich steht auch in Ihrem Bücherschrank kein Buch über die spanische Fischküche oder die Küche einer bestimmten Region in Spanien. Anders als beispielsweise das Essen in Italien und Frankreich ist die spanische Küche bis auf ein paar berühmte Ausnahmen selbst in Europa unbekannt.

Die traditionelle spanische Küche ist eine regionale Küche, und die Zutaten werden mit viel Gespür und Können sorgfältig so zusammengestellt und gegart, daß ihre Vorzüge wunderbar zur Geltung kommen. Die Speisen werden durch Aroma, Farbe und Beschaffenheit ihrer Zutaten geprägt, und die natürliche Harmonie wird weder durch überflüssige Dekoration noch durch Kunstgriffe gestört. Das Geheimnis des Wohlgeschmacks dieser Gerichte liegt in der Erfahrung vieler Generationen, die im praktischen Umgang mit den Nahrungsmitteln gezeigt hat, daß bestimmte Zutaten besonders gut zusammenpassen.

Die Zubereitung der Speisen dauert zwar manchmal recht lange, aber Sie sind nicht unentwegt damit beschäftigt. Vieles ist schnell vorbereitet, und kann während der Garzeit sich selbst überlassen bleiben. Man hat fast das Gefühl, daß die spanische Art zu kochen einem natürlichen Rhythmus folgt. Bei der Zubereitung eines Gerichts bleibt häufig eine Zutat übrig, die Grundlage für ein anderes ist, wie etwa gekochte Kichererbsen oder gegarter Speck. Die Spanier haben auch gern nur eine Speise auf dem Teller; dies ist eine wohltuende Befreiung von der Tyrannei, für eine Hauptmahlzeit zuviel gleichzeitig zubereiten zu müssen.

Die Länge mancher Rezepte hat nichts mit ihrem Schwierigkeitsgrad zu tun. Häufig sind sie schneller zubereitet als erklärt. Falls Ihnen Lebensmittel wie Artischokken oder gesalzener, getrockneter Kabeljau geläufig sind, können Sie die Ausführungen über die spanische Speisekammer übergehen. Sie sind für diejenigen gedacht, die ganz neu mit diesen Zutaten Bekanntschaft machen.

Manche der ortsüblichen Fische, Muscheln, Würste oder auch Gemüse sind bei uns nicht erhältlich, und man muß deshalb die eine oder andere Zutat ersetzen. Bei einigen Zutaten habe ich Anregungen für geeigneten Ersatz gegeben. Aber jeder Koch und jede Köchin, die ihr Salz wert sind, tragen ohnehin zu den Gerichten selbst etwas bei. Ich habe eine besondere Vorliebe für Rezepte, die sich auf ihren Ursprung beziehen – ein Picknickgericht, das draußen gegessen wird, der Eintopf eines Fischers, ein Sonntagsessen, das alle bäuerlichen Spezialitäten enthält. Es gefällt mir nicht, wenn alle Gerichte einheitlich püriert und dekoriert werden und dergleichen – ohne Respekt vor dem Original oder dem Charakter einer Speise.

Ich habe auch eine Vorliebe für die natürliche, ursprüngliche Art der Zubereitung von Speisen, die durch den Einsatz moderner Küchengeräte glücklicherweise weniger Mühe bereitet. In diesem Buch habe ich versucht, die traditionellen Geschmacksrichtungen wiederzugeben – vielleicht verfeinert, jedoch nicht durch Geschmacksmoden verfälscht. Einige Rezepte – sehr wenige – wurden etwas verändert, um sie leichter verdaulich oder gesünder zu machen. Aber sie wurden nicht für den internationalen Markt neu zusammengestellt.

Obwohl Andalusien fast 20 Jahre meine zweite Heimat war, habe ich mich bemüht, Rezepte aus allen Regionen zu sammeln. Es heißt, daß die spanische Küche den klimatischen Verhältnissen des Landes entspricht: »Im Norden wird geschmort, in den Bergen geröstet und im Süden gebraten.« Und man sagt den Köchen der verschiedenen Regionen unterschiedliche Fertigkeiten nach. Die Basken sind kenntnisreich, die Katalanen dagegen abenteuerlustig und experimentieren gern. Entsprechend ist ihre Küche fortschrittlich und verblüffend, und sie überrascht gerade dann, wenn man glaubt, man kenne schon alles.

Ein Kochbuch kann keine vollständige Abhandlung über die kulinarischen Bräuche eines Landes sein. So kann ich nicht mehr tun als Richard Ford, der Spanien im 19. Jahrhundert bereiste, und »das Thema lediglich streifen; denn es ist ausgesprochen reichhaltig und ergiebig.« Ich hoffe, Sie reisen selbst einmal nach Spanien und forschen dort nach traditionellen Gerichten. In der Zwischenzeit können Sie das eine oder andere Rezept aus meiner Sammlung nachkochen und die spanische Küche zu Hause entdecken.

Pepita Aris

DIE SPANISCHE SPEISEKAMMER

AGUARDIENTE

Bei *aguardiente* handelt es sich nicht um Mundwasser, auch wenn Richard Ford diese Substanz vor etwa 130 Jahren so bezeichnete, sondern um einen meist klaren *eau de vie*. Der Begriff umfaßt alle destillierten Spirituosen. Der *aguardiente de orujo* beispielsweise ist wie der *marc* ein aus den Schalen und Kernen der Weintrauben hergestellter Tresterschnaps. Die mit Anis aromatisierte Sorte dieses Branntweins wird gern zum Kochen verwendet.

ARTISCHOCKEN

Alcachofas kommen im Ganzen auf den Tisch, oder man verwendet – hauptsächlich für Salate – Artischockenböden. Artischockenherzen und -böden sind auch in Konserven erhältlich. (Vorbereitung der Böden S. 103, Zubereitung und Essen der ganzen Artischocken S. 74).

BACALAO

Den Kabeljau fangen die Spanier im Atlantik. Sie verwenden ihn häufig als Klippfisch, gesalzen und getrocknet. Die Redewendung *cortar el bacalao* bedeutet in Spanien soviel wie »die erste Geige spielen«. Kabeljau gehört zu den Lieblingsspeisen der Spanier – obwohl er im Rohzustand nicht gerade appetitanregend aussieht. Man ißt ihn traditionell zur Fastenzeit und besonders am Karfreitag.

Bacalao verdoppelt beim Einweichen sein Gewicht. Das geht jedoch wieder verloren, wenn Haut und Gräten entfernt werden. Der Fisch muß 24 Stunden gewässert werden, dabei sollte man alle zwei bis drei Stunden das Wasser wechseln. Soll er ohne Flüssigkeit gegart werden, muß man ihn länger wässern. Die dicken Mittelstücke werden am meisten geschätzt; sie sollten nach sorgfältiger Zubereitung nicht mehr salzig schmecken.

BOHNEN

Jede Region Spaniens hat ihre eigene Sorte *alubias*. Die getrockneten Bohnen kamen im 16. Jahrhundert aus der Neuen Welt nach Spanien. Es gibt sie in vielen Farben und verschiedenen Größen. Die vormals etwas eintönige Kost aus Puffbohnen *(habas* oder *favas)* und Kichererbsen *(garbanzos)* wurde dadurch vielfältiger. Alle Trockenbohnen harmonieren wunderbar mit gesalzenem Fleisch.

Frisch werden Bohnen natürlich auch gegessen: *Pochas* sind frisch gepalte dicke Bohnen, die frischen grünen Bohnen heißen *judías verdes*.

Getrocknete Bohnen sollten über Nacht in kaltem Wasser oder eine Stunde in kochendem Wasser einweichen. Nach dem Kochen haben sie ihr Gewicht mehr als verdoppelt. Ältere Trockenbohnen müssen länger gegart werden als jüngere, und neuere Züchtungen benötigen häufig nicht mehr die in traditionellen Rezepten angegebenen Garzeiten. Die Bohnen platzen auf und werden unansehnlich, wenn man sie zu lange kocht.

BROT

Das spanische Brot ist weiß und von ausgezeichneter Qualität. Es wird jeden Tag frisch gebacken. Am frühen Morgen werden zunächst Brötchen mit Bezeichnungen wie *bollo* oder *chica* verkauft. Im Verlauf des Tages gibt es dann *pan* (Brot). Vollkornbrote und solche mit Roggen- oder Maismehl finden sich im Nordwesten des Landes.

Brot ist hier, wo nur selten mehrere Beilagen zu den Gerichten serviert werden, die Standardbeilage. Auch als *bocadillos* (knusprige belegte Brötchen) wird Brot verzehrt. Meist ersetzt Olivenöl die Butter. Die *cocas* von Mallorca lassen sich mit der italienischen Pizza vergleichen.

Altbackenes Brot wird gern zum Binden von Saucen genommen, denn es verhindert, daß sich Fett ansetzt. So werden die Saucen leicht und nicht zu fett. Etwas Leckeres für Kinder sind die *torrijas:* Altbackenes Brot wird in Milch getaucht, dann mit Ei überzogen, gebraten oder fritiert und mit Zucker bestreut.

BRÜHEN

Die Zubereitung von Fischbrühe ist viel unproblematischer, als die meisten annehmen. Sie ist schneller gekocht als Fleischbrühe; in etwa 30 Minuten ist sie fertig, und man benötigt keine komplizierten Zutaten. Ein Beispiel ist die Garnelenbrühe von Seite 59. Sie wird aus Garnelenköpfen, Martini und Wasser zubereitet.

Die Zutaten für eine gute Fischbrühe – Fischabschnitte und Gräten – erhält man häufig auf Wochenmärkten und in Geschäften, die frischen Fisch verkaufen. Lassen Sie die lästige Arbeit des Ausnehmens ruhig vom Fischhändler erledigen, aber alles Abgeschnittene nehmen Sie mit, dieses für die Brühe dann mit einer Zwiebel, Stangensellerie, Lorbeerblättern, Petersilienzweigen und Wein köcheln lassen. Durch ein Sieb gießen und einen Streifen unbehandelte Zitronenschale in die heiße Brühe geben.

Manche Supermärkte führen gute Fischsuppen (in Dosen oder tiefgefroren). Der Saft von Muscheln aus der Dose kann ebenfalls verwendet werden, und in Feinkostläden sind ganz passable Fisch-Brühwürfel erhältlich.

Bei der Verwendung von Brühwürfeln ist allerdings zu beachten: Die Brühe sollte nicht so stark wie angegeben konzentriert und mit Gemüsesud oder ähnlichem verlängert werden. Und noch ein Tip: Ein Viertel der Flüssigkeit durch Wein ersetzen. Und reduzieren Sie niemals eine mit Brühwürfel zubereitete Brühe; so wird nur der künstliche Geschmack hervorgehoben. Im Gegenteil: von vornherein die Brühwürfelmenge auf die später im fertigen Gericht vorhandene Flüssigkeitsmenge abstimmen.

Hühnerbrühe bereitet man aus den Karkassen und Flügeln zu. Sie sind bei Händlern erhältlich, die zerlegtes Geflügel anbieten. In Spanien gehört traditionell noch ein Schinkenknochen hinein, der sogar mehrfach ausgekocht werden kann. Zum Entfernen von Fett Küchenkrepp in Streifen über die Oberfläche der Flüssigkeit ziehen.

BUTIFARRA

Butifarra ist eine in Katalonien und auf Mallorca weitverbreitete weiße Wurst aus Schweinefleisch, Kutteln und Pinienkernen, gewürzt mit Zimt und Kreuzkümmel. Sie eignet sich sehr gut zum Grillen. Es gibt auch schwarze *butifarrones* – ein Spitzname für die Menschen der Mittelschicht in ihrer schwarzen Kleidung.

CARDO

Der *cardo* (Kardenartischocke) ist in Navarra sehr beliebt, aber sonst ein weniger gut bekannter Verwandter der Artischocke. Nicht seine Blütenköpfe – wie bei der Artischocke – werden verzehrt, sondern die in Stauden angeordneten Blattstiele. Diese werden gekocht und mit Butter oder Béchamel-Sauce serviert.

CHORIZO

Chorizos sind mit Paprika (S. 12) gewürzte Würste. Es gibt sie in zwei Arten: als Brotbelag und zum Kochen.

Geräucherte *chorizos*, die man als *tapa* in dünnen Scheiben auf Brot ißt, sind etwa fünf Zentimeter dick und größer als die zum Kochen verwendeten. Am bekanntesten sind die *chorizos* aus Rioja und Pamplona. Beide Sorten sind delikat gewürzt und bißfest, die *chorizos* aus Pamplona haben jedoch eine feinere Textur. Es werden nur geringe Mengen exportiert, aber in Belgien produziert ein großes Werk *chorizos* für den nordeuropäischen Markt.

Chorizos zum Kochen sind nur in Spanien erhältlich. Es gibt sie frisch oder geräuchert, aber auf jeden Fall sind sie sehr fett. »Ein kleiner Kerl, rot von Paprika ... mit etwas Knoblauchsaft – nicht im Übermaß, sondern nur als Würze«, gemeint ist damit *die* rote Wurst. Der reichlich enthaltene Paprika färbt beim Garen die Kartoffeln oder die Suppe. Mit rotem Faden abgebundene *chorizos* sind immer wesentlich schärfer als diejenigen mit normalem Wurstfaden.

Diese zum Kochen gedachten *chorizos* werden im ganzen Land hergestellt. Am bekanntesten sind jedoch die Würste aus Estremadura und Asturien. Für *cocido madrileño* (S. 104) ist die *chorizo* aus Cantimpalos in Segovia am besten geeignet. *Chistorra* ist eine dünne rote Wurst aus Navarra, die der *chorizo* sehr ähnlich sieht.

Am ehesten findet man solche Paprikawürste in italienischen Delikatessengeschäften. In Supermärkten gibt es *chorizo*-Imitate – zwar von einigermaßen ähnlicher Qualität, aber doch nicht so gut wie echte – und geräucherte Kabanossi aus Osteuropa. Zum Braten eignen sich statt dessen auch frische Knoblauchwürste, aber zum Kochen nimmt man besser geräucherte.

CIDRE

Die Äpfel für die Cidre-Herstellung kamen ursprünglich vom Schwarzen Meer, und die Basken sind der Ansicht, erst sie hätten dieses Getränk kultiviert. In den *sidrería*-Lokalen kann man für ein geringes Entgelt so viel von dem stark alkoholhaltigen Cidre trinken, wie man will, und zwischendurch natürlich auch essen. Auch im regenreichen Asturien wird Cidre hergestellt. Hier ersetzt er den Wein.

ESSIG

Weinessig wird hauptsächlich für Vinaigrette und andere Saucen verwendet. Die Kellereien des Südens stellen auch Sherry-Essig her. Dafür verwertet man junge Sherrys, wegen ihres hohen Säuregehalts. Sherry-Essig reift in Holzfässern; er ist konzentrierter und daher intensiver als die meisten Weinessige.

FETT

Obwohl die Spanier zu den Mittelmeervölkern gehören und schon immer gern Olivenöl verwendeten, nahmen sie unter dem Einfluß nordischer Barbaren auch tierisches Fett (*saín*) in ihre Küche auf. Weil es alle Gerichte reichhaltiger macht, bedeutet Schweinefett soviel wie Überfluß. Butter wird in Galizien und den Pyrenäen verwendet, aber in anderen Regionen ist sie nicht üblich.

Schweinefett enthält nur halb soviel Cholesterin wie Butter. Schmalz wird in der spanischen Küche häufig zusammen mit Olivenöl benutzt. *Tocino* (S. 16) und die weiche *manteca de cerdo* (in künstliche Wursthaut gefülltes Schweineschmalz) verwendet man zum Braten. *Manteca colorada* (mit Paprika gefärbtes Schmalz, nicht unbedingt mit Fleischzusatz [S. 28]) ist typisch für die Küche in Sevilla und Córdoba. Man nimmt es zum Braten, aber auch als Brotaufstrich zum Frühstück.

Ein Nebenprodukt der Schmalzherstellung sind Schwartenkrusten. Sie werden in kleinen Geschäften unter dem Namen *chicharro* als Knabberei verkauft.

Das beste tierische Fett – bequem in der Handhabung und geschmacklich hervorragend – ist Geflügelschmalz. Mit Mais gefütterte Hühner geben gutes, angenehm schmeckendes Fett ab, und auch Entenschmalz ist hervorragend und sehr lange haltbar.

GEWÜRZPAPRIKA UND CAYENNEPFEFFER

Die spanische Küche zeichnet sich durch die raffinierte Verwendung von scharfem Gewürzpaprika aus. Am schärfsten sind die *guindillas* (kirschgroße, dunkelrote Gewürzpaprika). Sie verleihen den Speisen aus dem Nordwesten Spaniens die intensive Schärfe. *Pimentón fuerte* (scharfer Pfeffer) kennen wir als Cayennepfeffer (gemahlene Chilischoten). Er kann als Ersatz für *guindillas* verwendet werden. *Pimentón dulce* (süßer Pfeffer) – im Süden *pimentón colorado* (roter Pfeffer) genannt – entspricht unserem Gewürzpaprika. Für die spanische Küche ist Paprika ein unentbehrliches Gewürz. Etwas Paprika unterstützt die Ausgewogenheit eines Gerichts, gerade wenn die vielen verschiedenen, typisch spanischen Gemüsepaprika fehlen. Und auch ein Mangel an teurem Safran kann dadurch etwas ausgeglichen werden.

Im Herbst werden in Dörfern wie Laguardia in Rioja rote Bündel *chorizero*-Schoten an den Balkonen zum Trocknen aufgehängt. *Chorizero* ist ein milder Gewürzpaprika, der der *chorizo* (S. 11) ihren typischen Geschmack und ihre leuchtendrote Farbe gibt. In baskischen Gerichten *a la vizcaina* darf er nicht fehlen, und die katalanische *romesco*-Sauce erhält ihre würzige Note durch den gleichen Paprika, der hier *romesco* oder *ñora* heißt.

JAMÓN SERRANO

Dieser Leckerbissen ist sehr begehrt. In dünnen Scheiben auf Brot serviert, kommt sein außergewöhnliches Aroma sehr gut zur Geltung. Aber man verwendet ihn auch zum Kochen. *Jamón serrano* (Bergschinken) wird traditionell mit der Fleischfaser geschnitten, nicht quer dazu. Die Scheiben sind allerdings nicht ganz so dünn wie die vom italienischen *prosciutto crudo* – übrigens ein ebenbürtiger Ersatz.

Die meisten berühmten Schinken werden in den gebirgigen Landesteilen geräuchert, daher der Name »Bergschinken«. Die Schinken aus Jabugo in Huelva und Trevélez in Granada sind berühmt. Im 19. Jahrhundert hielt der Duc de St. Simon die Schinken aus Montánchez in Estremadura für das Köstlichste, was er jemals probiert hatte. Und auch die Schinken aus Lérida im Nordosten und Teruel in der Provinz Aragonien werden sehr geschätzt.

Der beste *jamón serrano* stammt vom schwarzen oder roten iberischen Schwein, das halbwild in den Bergen Südspaniens lebt. Es ernährt sich von Eicheln, und dadurch ist das Fleisch dieser Tiere mit besonders aromatischem Fett durchzogen. Eine geringere Menge roher Schinken stammt vom weißen Schwein. Er ist magerer und wird entsprechend gern gegessen.

Geschlachtet wird im Herbst. Dann legt man den Schinken für acht bis zehn Tage in Salz. Anschließend wird er sechs Monate in einem luftigen Raum aufgehängt. Wird das Wetter wärmer, beginnt der Schinken Salz auszuschwitzen. Man läßt ihn eine Woche schwitzen und hängt ihn dann in einen kühlen Keller. Dort muß er noch sechs Monate reifen.

Jamón wird gelegentlich auch zum Kochen verwendet. Man nimmt dazu die beim Abschneiden der Scheiben anfallenden Reste. Und die ausgelösten Knochen, *añejos* genannt, werden als Suppenknochen verkauft.

KALMARE UND TINTENFISCHE

Frisch gefangen ist die Haut der *calamares* rosa, sie wird aber an der Luft schnell grau. Sie haben, wie die Tintenfische, einen Tintensack, der zusammen mit den Eingeweiden vorsichtig ausgenommen werden muß. Meist werden die Kalmare in Ringe geschnitten und gebraten oder kommen als aromatische Zutat in Reisgerichte und Salate. Die kleineren, *chipirónes* genannt, werden ganz gebraten und eignen sich gut zum Füllen.

Der Tintenfisch heißt in Spanien *sepia* oder *jibia*, ein kleiner Tintenfisch wird *choco* genannt. Sein Körper ist leicht gedrungen, und er enthält einen länglich-ovalen, flachen Knochen. Das Fleisch ist etwas zäher als das der Kalmare. Tintenfische werden gefüllt oder geschmort.

KÄSE

Schafs- und Ziegenkäse findet man überall in diesem gebirgigen Land. Aber nur im regenreicheren Norden gibt es auch Käse aus Kuhmilch. Die meisten Käsesorten sind nicht pasteurisiert.

Der bekannteste Käse, der überhaupt in nennenswerten Mengen exportiert wird, ist der Manchego. Typisch ist seine schwarze Rinde. Die spanischen Käse verändern sich mit der Reife stärker, als wir es vom Emmentaler gewohnt sind. Manchego beispielsweise kann mild und recht weich sein, aber auch scharf und hart. Er ist übrigens sehr teuer – teurer als Parmesan, der sich als Ersatz eignet. Käse vom Typ des Manchego kauft man am besten in Olivenöl eingelegt. So kann er reifen, ohne auszutrocknen.

Cabrales heißt der berühmte Blauschimmelkäse. Sehr ähnlich ist auch der Picón, benannt nach den Picos de Europa, wo er hergestellt wird. Diese kulinarische Köstlichkeit ist cremig und blaugeädert – ein spanischer

Roquefort. Er wird zum Verkauf in Blätter gehüllt.

Im ganzen Land werden Frischkäse wie der Queso de Burgos hergestellt. Er ist weit verbreitet und wird gern mit Honig als Dessert gereicht. Aus Galicien im Norden Spaniens kennt man den cremigen Tetilla, »titti« genannt, mit seiner angedeuteten Form einer weiblichen Brust.

Zu den geräucherten Käsesorten gehören der glänzende, bernsteinfarbene San Simón, der wie eine reife Birne aussieht, und ein Käse mit kleinen Löchern aus Roncal.

Weichkäse werden häufig mit Obst oder Honig als Dessert gegessen. Feste und harte Sorten dagegen sind als Eröffnung wie als Abschluß eines Essens sehr beliebt. Man ißt sie mit Brot.

Das Kochen mit Käse gehört eigentlich nicht zur spanischen Küche, obwohl durch die Verbreitung italienischer Nudelgerichte im 19. Jahrhundert Käsesaucen auch hier Einzug hielten. Man gibt aber etwas geriebenen Käse über gebratenes Gemüse wie beispielsweise Auberginen. Und der mit Ei und Paniermehl panierte *queso frito* (gebackener Käse) ist eine bekannte *tapa.*

KICHERERBSEN

Garbanzos sind die »Kartoffeln des Landes«. Sie werden getrocknet oder *en remojo* (eingelegt) verkauft. Man ißt sie überall. Es gibt sie auch fertig gekocht und gesalzen bei Straßenfesten zu kaufen – als *tapa* oder Knabberei für Kinder. In Madrid werden sie sogar mit Namen wie *gabrieles* (Engel) und *trompitos* (Trompeten) geehrt.

Zum Einweichen kann man sie über Nacht in der dreifachen Menge kaltem Wasser stehenlassen oder eine Stunde in Wasser kochen. Ich habe festgestellt, daß die modernen Sorten schon in einer Stunde gar sind. Aber diese Hülsenfrüchte nehmen es auch nicht übel, wenn sie zu lange gegart werden. Noch nach zweieinhalb Stunden Kochzeit behalten sie ihre Form und lassen sich gut wiedererwärmen.

KNOBLAUCH

Knoblauch ist zwar eine für spanische Gerichte typische Zutat, aber die Annahme, daß der Knoblauchgeschmack dominiert, ist falsch. Die Bedeutung von Knoblauch wird am besten erklärt durch die Redensart »*estar en el ajo*« (im Knoblauch sein), was soviel heißt wie »bestens Bescheid wissen«. Ob roh oder gegart, das Knoblaucharoma besteht aus zwei verschiedenen Komponenten, die eine ist beißend scharf, die andere anregend. Eine Speise *al ajillo* ist mit gehacktem Knoblauch gewürzt. Und *ajo* besagt, daß ganze Knoblauchzehen enthalten sind, die aufgrund der langen Garzeit mild schmecken und wie Gemüse mitgegessen werden.

Nur wenige Kochbücher weisen speziell darauf hin, daß Knoblauch, wenn er als erste Zutat in die Pfanne kommt, nur dazu da ist, das Öl zu aromatisieren. Er wird danach wieder entfernt, weil er verbrennt, wenn er länger gebraten wird.

Sofrito, die Grundlage vieler spanischer Reisgerichte und Saucen, kann auf Knoblauch nicht verzichten. Er besteht aus weichgedünsteten Zwiebeln mit Knoblauch und gehackter Petersilie. Auch an die *picada*, eine Mischung zum Binden von Saucen, wird zum Schluß Knoblauch gegeben. Am bekanntesten ist die Verwendung von Knoblauch in der *alioli* (S. 54 u. S. 101). Die noch aus römischen Zeiten stammende Sauce bestand ursprünglich nur aus Knoblauch in Öl und wurde zum Würzen benutzt. Heute rührt man häufig noch Eigelb unter. Das Ganze wird zu gegrilltem Fleisch oder gebratenem Fisch gereicht, oder zum Verfeinern von Suppen verwendet.

KOCHSCHINKEN UND PÖKELFLEISCH

Der spanische rohe Schinken ist sehr berühmt (s. JAMÓN S. 12), aber auch Kochschinken und Speck sind sehr beliebt. In der spanischen Küche werden häufig kleine Portionen Kochschinken und Speck verwendet. Dicke Scheiben vom Vorderschinken oder Speck haben den Vorteil, daß sie überall erhältlich sind und daß man sie in dekorative Würfel schneiden kann (Fettränder abschneiden und als Bratfett verwenden). Sehr gut geeignet ist Pökelfleisch oder, noch besser, Pökelhachse. Letztere bekommt man in kleinen, preiswerten Portionen im Supermarkt. Den Hachsenknochen kann man für viele spanische Rezepte verwenden, und das Fleisch läßt sich in kleine Portionen teilen und tiefgefrieren.

In Spanien sind verschiedene Sorten von gepökeltem Schweinefleisch erhältlich. Gepökelte Ohren, Schwänze und Füße werden häufig in Eintöpfen mitgekocht, weil sie ihnen einen typischen Geschmack verleihen. Der bekannte *lacón* aus Galicien ist ein gepökelter Vorderschinken. Außerdem gibt es geräuchertes Fleisch von Schaf- und Ziegenlämmern und vom Rind. Eine bekannte Spezialität ist *cecina* (gesalzenes, luftgetrocknetes Rindfleisch).

LOMO EMBUCHADO

Lomo embuchado ist im Stück belassene, geräucherte Schweinelende, im Wurstsaitling gepökelt. Das rosafarbe-

ne Fleisch schmeckt wie ausgezeichneter Schinken. In hübsche runde Scheiben geschnitten, wird es als köstliche, aber teure *tapa* auf Brot gereicht.

LONGANIZA

Diese dünne, harte Wurst ähnelt einer etwas fetten, milden Salami. Die *longaniza* hängt in endlosen dekorativen Bündeln an hölzernen Stangen. Man verwendet sie zum Kochen. Die Bezeichnung wird manchmal auch für andere Wurstsorten benutzt.

MANDELN UND HASELNÜSSE

Almendras (Mandeln) wurden von den Mauren nach Spanien gebracht. Sie gehören zu den grundlegenden Zutaten der meisten Kekse und vieler spanischer Saucen. Geröstete Mandeln und Haselnüsse *(avellanas)* sind köstlich und schmecken gut zu Sherry. Bei sanfter Hitze (etwa 150 °C [Gas Stufe 1]) 20 Minuten rösten, so entwikkelt sich das volle Aroma.

MANGOLD

Acelga ist ein seit alters her bekanntes Gemüse aus dem Mittelmeerraum. Die glänzenden dunklen Blätter und die strahlendweißen Stiele können zusammen und getrennt zubereitet werden. Statt Mangoldblättern läßt sich auch Spinat verwenden.

MORCILLA

Die in Wurstketten und -ringen angebotene schwarze Wurst ist geräuchert und enthält Schweineblut. Dies bestimmt zusammen mit der ungewöhnlich großen Menge Zwiebeln den herzhaften Geschmack der Wurst. Sie kann auch Pinienkerne, Reis und Zimt enthalten.

Die besten *morcillas* kommen aus Estremadura und Asturien. Sie gehören dort als Hauptzutat in die *fabada* (S. 106). Diese Würste werden immer gebrüht. Als Ersatz sind Blutwürste am besten geeignet.

Es gibt noch eine zweite Sorte, die *morcilla dulce.* Sie wird gern als *tapa* gegessen. Mit ihrer würzigen Süße, der dunklen Farbe und dem cremigen Fett ähnelt sie einem *plumpudding* mit Sahne.

ÖL

Das spanische Olivenöl ist im allgemeinen sogenanntes »reines« Olivenöl – eine Mischung aus nativem und raffiniertem Öl. Mit seinem gemäßigten Olivengeschmack und seinem vergleichsweise hohen Säuregehalt eignet es sich besser für die Mayonnaiseherstellung als die teureren und berühmteren nativen Öle. Seit die Araber die Verwendung von Olivenöl in der Küche einführten, wird es zum Braten verwendet. Olivenöl liefert zusammen mit anderen Zutaten erstaunlich leichte und delikate Saucen. Übrigens ist es das gesündeste aller Fette und auch das sicherste zum Fritieren.

Natives Olivenöl aus Spanien bekommt man im Ausland eher zu kaufen als in Spanien. Die besten Sorten kommen aus Baena, in der Nähe von Jaén, aus dem Gebiet zwischen Lérida und Borjas Blancas, aus der Sierra de Segura und aus Siurana. Das Öl ist sehr fruchtig, manche Sorten schmecken leicht nach Apfel.

Auch Sonnenblumenkerne werden zur Ölgewinnung gepreßt. Man erntet sie früh, wenn sie noch ganz schwarz sind, und gewinnt daraus preiswertes Öl für die Küche *(aceite de girasol).*

PACHARÁN

Spaniens beliebtester landestypischer Likör, *pacharán,* ist dunkel, mit süßem Anisaroma und wird aus Schlehen bereitet. Man trinkt ihn mit Eis, verwendet ihn aber auch zum Verfeinern von Fischsaucen und zum Flambieren. Manche Abfüllungen für den Export weisen einen geringeren Alkoholgehalt auf und sind zum Flambieren nicht geeignet.

PAPRIKASCHOTEN

Die besten spanischen Paprikaschoten, *pimiento piquillo* (schnabelförmig), sind länglich, spitz und sehr scharf. Diese Sorte wird hauptsächlich in Navarra und Rioja angebaut, und man füllt sie mit gesalzenem Kabeljau oder Hackfleisch. Es gibt sie, bereits fertig gefüllt, in Gläsern zu kaufen.

Die fleischigen Tomatenpaprika heißen in Spanien *pimiento morrón* und sind sehr beliebt. Grüne Paprikaschoten sind unreif geerntete Schoten.

Rote Paprikaschoten sind immer süßer als grüne und enthalten mehr Vitamine. In Spanien werden sie in der Regel enthäutet; dazu müssen sie vorher im Backofen gegrillt werden. Sie schmecken frisch in jedem Fall besser als die roten *pimientos* in Gläsern, die häufig verwendet werden, weil sie bereits enthäutet sind.

PFEFFER UND SALZ

Je einfacher ein Gericht ist, um so wichtiger ist gekonntes Würzen. In Spanien gibt es gutes grobes Salz. Für Schinken und gepökelte Würste wird das salpeterhaltige Salz aus Cádiz verwendet. Reichlich schwarzer Pfeffer *(pimienta)* wird in der katalanischen Küche verwendet.

PILZE

Champiñones aus Frankreich sind Zuchtpilze. Die Spanier bevorzugen dagegen *setas* (wild wachsende Pilze) und *hongos* (kleinere Sorten). Vom ersten Erscheinen der milden *moixernons* im April bis zum späten Herbst ist das Pilzesammeln eine nationale Leidenschaft. *Boletos* (Röhrlinge) und *rossinyols* (Pfifferlinge) sind die beliebtesten Arten. Am bekanntesten und, meiner Meinung nach leicht überbewertet, sind die *rovellons* (Echter Reizker, S. 66). Wildpilze werden in der Regel einfach gedünstet oder für Wildragouts verwendet. Sie alle haben regional unterschiedliche Bezeichnungen.

PINIENKERNE

Diese kleinen cremefarbenen Ölsamen der Pinien müssen aus der harten Samenschale befreit werden und sind daher entsprechend teuer. Der Geschmack ist vollmundig, aber leicht adstringierend. Sie werden gern für Saucen, Gemüsegerichte und edle kleine Kuchen wie die *piñonates* verwendet.

REIS

Ein Höhepunkt der spanischen Kochkunst ist die Zubereitung von Reis. Seine Körner sind eher rund und mittelgroß, und seine Fähigkeit, Flüssigkeit aufzunehmen, ohne wie die anderen Reissorten klebrig zu werden, ist bemerkenswert. Die Araber brachten den Reis einst nach Spanien; etwa zur selben Zeit machten sie auch den für Risotto verwendeten Reis in Italien bekannt. Letzterer ist ähnlich beschaffen, wird jedoch völlig anders zubereitet. Risotto wird während des Kochvorgangs fast ununterbrochen gerührt, Reis für *paella* dagegen wird beim Garen nicht umgerührt.

Der Reis soll genau die Menge an Flüssigkeit aufnehmen, mit der er gekocht wird. So gewinnt er an Geschmack und bleibt körnig. Folglich ist die Qualität der Brühe sehr wichtig. Reis kann die doppelte Menge seines eigenen Gewichts in Form von Flüssigkeit aufnehmen, manchmal auch etwas mehr. Das ist abhängig vom Durchmesser der Pfanne, der Hitzequelle und den anderen Zutaten. Für vier Personen rechnet man 400 Gramm Reis und einen knappen Liter Brühe.

Spanischer Reis sollte über einem Hitzeverteiler garen, der die Hitze der Herdplatte oder Gasflamme gleichmäßig verteilt und reduziert. Große Pfannen sind manchmal problematisch: Solche mit dünnem Boden oder besonders tiefe am besten bei 180 °C (Gas Stufe 2–3) in den Backofen stellen. Den Reis erst zum Schluß umrühren.

SAFRAN

Azafrán war ursprünglich ein arabisches Gewürz und wurde von den Römern nach Spanien gebracht. Heute produziert Spanien den besten Safran. Er ist das teuerste Gewürz der Welt, sein ungewöhnlich hoher Preis beruht auf seiner mühsamen Ernte: Er wird aus dem hellviolett blühenden Safrankrokus gewonnen. Dazu muß aus jeder Blüte von Hand die dreiästige orangerote Blütennarbe herausgezupft werden. Die Safranfäden werden getrocknet und anschließend feingemahlen. Für ein Kilogramm Safran benötigt man etwa 80 000 Krokusblüten. Ein Päckchen mit 2,5 Gramm Safran enthält also das Pulver der Narben von 200 Krokussen. Mit steigendem Preis wurde Safran in immer kleineren Mengen verkauft. Häufig enthalten die Päckchen heute nur 125 Milligramm. Trotzdem sollte man nicht gerade bei Safran sparen.

Safran ist nicht mit Saflor *(cártamo)* zu verwechseln, einem Farbstoff, den man aus der Färberdistel gewinnt und als Lebensmittelfarbstoff verwendet. Safranfäden sollten 20 Minuten eingeweicht, das Pulver in zwei Eßlöffeln heißer Flüssigkeit aufgelöst werden.

SALCHICHÓN

Diese feine spanische Salami ist hellrot und mit weißen Fettstücken durchsetzt. Auch ganze weiße Pfefferkörner sind darin enthalten, aber kein Paprika. Sie eignet sich gut als *tapa* und ist lange haltbar.

SHERRY

Die Bezeichnung »Sherry« ist entstanden, weil die Engländer den Namen der Stadt Jerez nicht aussprechen konnten. Sherry ist ein Likörwein mit Alkoholzusatz aus dem Südwesten des Landes. Trockener Sherry gehört in Spanien zu Fisch und *tapas*, der hohe Alkoholgehalt hat ihn jedoch zu einem Aperitif und Digestif werden lassen.

Sherry wird im komplizierten *solera*-Verfahren verschnitten: Die jüngeren Weine kommen immer in die obersten Fässer und werden nach und nach in die unteren Fässer gefüllt. Der gereifte Sherry wird dann aus der untersten Reihe in Flaschen abgefüllt. Für den Export wird er in verschiedene Süßegrade eingeteilt. In Spanien wird diese Einteilung nicht so streng eingehalten, und die Sherrys innerhalb einer Kategorie können ganz verschiedene Süßegrade aufweisen. *Fino* ist hellgolden, trocken und herb. *Manzanilla* ist ein köstlicher *fino*, dessen Aroma durch die Seeluft von Sanlúcar bestimmt wird, wo man ihn lagert. *Amontillado* ist körperreich, dunkel und nussig, der gebräuchliche mitteltrockene Sherry. *Palo cortado* liegt in der Süße zwischen diesem und dem *oloroso*, einem gereiften und recht süßen Sherry. Eine besondere Spezialität für Kenner ist der *almacenista*, ein alter, unverschnittener Sherry. Dieser meist dunkle, trockene Wein ist hochwertig, und entsprechend hoch ist auch sein Preis.

Der Nachbardistrikt Montilla-Moriles stellt einen sherryähnlichen Wein her, der auch ohne Alkoholzusatz den gleichen Alkoholgehalt erreicht. Einige Sorten sind allerdings auch mit Weindestillat versetzt. Der helle, trokkene Montilla ist der bekannteste.

SOBRESADA

Die *sobresada*, eine weiche, pastetenähnliche Wurst, wird mit Paprika gewürzt und gefärbt. Sie besteht hauptsächlich aus Schweinefett mit etwas rohem Schinken. Man serviert sie als Brotaufstrich oder legt sie in Scheiben auf die großen *ensaimadas* (Hefegebäck [S. 132]). Gegessen wird die *sobresada* hauptsächlich in Katalonien und auf Mallorca.

TOCINO

Dieser gesalzene Speck vom Schweinebauch enthält manchmal noch Rippenknochen. Er wird nach Bedarf vom Stück geschnitten. Ausgelassene *tocino*-Würfel eignen sich wunderbar zum Anbraten von Zwiebeln.

Tocino ist viel fetter als gepökelter Schweinebauch. Die Rezepte sind dementsprechend umgearbeitet worden. Die Bezeichnung *tocino* wird manchmal auch generell für Speck verwendet.

TOMATEN

Vollreife Tomaten werden in Spanien für Saucen verwendet, weniger reife für Salat. Reife Tomaten lassen sich leicht enthäuten, die anderen müssen eventuell vorher blanchiert werden. Dann wird das Fleisch entkernt und für Salat in kleine Würfel geschnitten oder zur Zubereitung einer Sauce leicht zerdrückt. Die entfernte Haut und die Kerne kann man zum Klären einer Brühe verwenden, denn sie binden Fett und Schaum.

Tomaten aus der Dose sind häufig reifer als frische und geben dem Gericht eine dunkelrote Farbe. Eine Sauce ist schnell zubereitet, indem man Dosentomaten zum *sofrito* gibt (s. ZWIEBELN S. 17), dann die Sauce reduziert und abschmeckt.

WEIN

Heute besteht in vielen Gebieten kaum noch ein Zusammenhang zwischen dem Essen und dem Wein einer Region, obwohl Spanien mehr Weinberge besitzt als andere Länder. Schon im 19. Jahrhundert, erst recht aber seit den siebziger Jahren unseres Jahrhunderts werden Weine immer schneller und rücksichtsloser kommerziellen Maßstäben unterworfen.

Spanische Weine sind Verschnittweine. Es gibt keine Vorschriften darüber, woher die Kellereien ihre Trauben nehmen oder in welchen Mengenverhältnissen die verschiedenen Sorten gemischt werden dürfen. Daher entsprechen die spanischen Weine dem Können ihrer Kellereien, und der Name auf der Flasche kommt einem Markennamen gleich.

Die Weißweine sind sehr unterschiedlich. Zunächst gibt es die mit »Sherrygeschmack«: trocken, golden und sehr alkoholreich, wie der Weißwein aus Estremadura, der Chiclana aus Cádiz und trockene Montillas. Dann gibt es die edlen, in Eichenfässern gereiften Weißweine, wie den Marqués de Murrieta, die an die Qualität wertvoller Rotweine heranreichen. In Rueda, der Heimat des weißen Marqués de Riscal, wird aus den traditionellen Trauben ein fruchtiger Weißwein hergestellt.

Viele spanische Weißweine hatten den Ruf, nicht genügend fruchtig oder frisch zu sein. Deshalb produziert man sie inzwischen sowohl in Penedés, wo sie hervorragend sind, als auch in Rioja nach der französischen Methode. Die frischen und fruchtigen Weine sind in Spanien und auch auf den Exportmärkten sehr beliebt, für die sie ja ursprünglich gedacht waren. Allerdings hinterlassen sie einen weniger nachhaltigen Nachgeschmack als ihre französischen Vorbilder.

Darüber hinaus gibt es auch die frischen, »grünen« Weine: die *alberiños* aus Galicien und den weißen *chacolí*, den die Basken sehr schätzen. Auch *cavas*, nach der Champagner-Methode hergestellte Schaumweine, sind populär. Und schließlich werden feine Dessertweine aus der Muskatellertraube hergestellt.

Die jungen Rotweine sind bemerkenswert angenehm und leicht zu trinken sowie frisch und sehr fruchtig. In Spanien trinkt man meistens *vino corriente* (einfacher Wein), auf dessen Etikett der Jahrgang *(cosecha)* angegeben ist. Er ist höchstens zwei Jahre alt. Die Spanier machen sich weitaus weniger Gedanken um die richtige Zusammenstellung von Essen und Wein als dies in anderen Ländern der Fall ist, deren Weine höher bewertet werden.

Das größte Weinanbaugebiet liegt in La Mancha, wo anspruchslosere Rotweine mit hohem Alkoholgehalt hergestellt werden. Am anderen Ende der Skala liegt das Weinanbaugebiet Ribero de Duero, das den zweifellos besten Rotwein Spaniens produziert, den raren, kostbaren Vega de Sicilia. Dazwischen kommt eine gewisse Anzahl von trinkbaren Rotweinen aus Orten wie Toro und Valdepeñas. Viele Weine aus Navarra weisen die Vorzüge der besser bekannten Riojas auf.

Rioja ist Spaniens bekanntestes Weinanbaugebiet, denn dort werden komplexe Weine hergestellt, die sich gut lagern lassen. Und trotzdem läßt man weniger als die Hälfte der Weine in Holzfässern reifen. Das Kennzeichen der Rioja-Weine ist das feine Vanillearoma, das durch die Lagerung in Eichenfässern bedingt ist. Da es sehr teuer ist, alte Fässer durch neue zu ersetzen, bewegen die Kellereien den Wein bis zu viermal pro Jahr von Faß zu Faß, so daß jede Charge zum optimalen Aroma kommen kann. Für jede Qualitätsklasse sind Mindestreifezeiten im Faß vorgeschrieben. Alle Weißweine und *rosados* (Rosé-Weine) müssen mindestens sechs Monate in Fässern gelagert werden und Rotweine ein Jahr. Die restliche Zeit reifen sie in Flaschen.

Man ordnet die besseren, in Fässern gereiften Weine wie Rennpferde in drei Klassen: drei Jahre alte, vier Jahre alte und sechs Jahre alte Weine. Die ersten sind die *crianzas*, die zweiten die *reservas* und die letzten die *Gran reservas*. Simple Mathematik gibt also Auskunft, ob ein Wein für seine Klasse alt ist. Es ist aber auch gut möglich, daß er länger als vorgeschrieben im Faß gelagert wurde. *Gran reservas* werden auf ihre Entwicklungsmöglichkeiten hin gesichtet und einer besonderen Behandlung unterzogen.

Penedès in Katalonien ist das andere große Weinanbaugebiet Spaniens. Hier werden hochwertige Weine produziert, vor allem Weißweine aus den traditionellen spanischen Reben. Aber auch einige qualitätvolle Rote werden in diesem Gebiet erzeugt. Man experimentiert hier sehr erfolgreich mit französischen Rebsorten.

WEINBRANNT

Coñac ist in Spanien recht preisgünstig. Er wird zum Verfeinern weinhaltiger Saucen verwendet. Der große Verkaufsschlager ist Soberano, eine etwas herbere Sorte. Zunehmend kommen jedoch süßere, karamelisierte Branntweine als Digestif in Mode. Ein Beispiel ist der Veterano, dessen Werbung mit dem Scherenschnitt eines Stiers auf den Süden Spaniens anspielt, ein anderes der sanfte aromatische Magno.

ZIMT

Die Verbindung von Zimt mit Lammfleisch und Geflügel stammt noch aus maurischen Zeiten – ursprünglich zu desinfizierenden Zwecken. Heute wird *canela* für alle spanischen Süßigkeiten, einschließlich der beliebten Kekse und Eiscreme, verwendet. Dabei wird Zimt nicht mit Vanille, sondern meist mit Schokolade kombiniert.

ZWIEBELN

Cebollas müssen sehr langsam gebraten werden, damit sich ihr süßer Geschmack entwickelt, der im Gegensatz zu der Schärfe der rohen Zwiebeln steht. Die gelbliche spanische Zwiebel ist größer als eine Orange. Sie ist die mildeste und süßeste Zwiebelsorte. Ein *sofrito* (s. KNOBLAUCH S. 13) aus gedünsteten Zwiebeln mit Knoblauch und Tomaten ist die Grundlage vieler Reis- und Suppengerichte.

Die großen Frühlingszwiebeln, in Katalonien *calçots* und im übrigen Spanien *cebollones* genannt, schmekken gegrillt ausgezeichnet (S. 65).

TAPAS UND SUPPEN

Tapas gehören zum Lebensstil der Spanier; man genießt sie entweder zu einem Glas Wein oder als Vorspeise. Das reiche Angebot an Suppen – von eisgekühlten sommerlichen Muntermachern bis zu herzhaften winterlichen Leib- und Magenwärmern – zeugt von der Vielseitigkeit der Landschaft.

Von links nach rechts: Pinchitos Morunos *(S. 21),* Champiñones Rellenos *(S. 23),* Buñuelos de Queso *(S. 24),* Pelotas en Salsa Roja *(S. 21),* Gambas en Gabardinas *(S. 26),* Mejillones con Pimiento Verde y Rojo *(S. 26).*

Mir fällt kein anderer Ort ein, an dem man eine so außerordentlich vielfältige Auswahl an Speisen erhält wie in einer *tapa*-Bar. Für gewöhnlich geht man in eine Bar, um in Gesellschaft etwas zu trinken, aber in einer *tapa*-Bar ist es das Essen, das zum Bleiben verführt. So wie vielleicht ein Dubliner auf der Suche nach netter Atmosphäre und gutem Whiskey umherstreift, geht der Spanier auf die Suche nach *pinchos,* nach köstlichen kleinen Happen am Spieß. An der Bar bietet sich dem zufälligen Besucher eine herrliche Auslage dieser Kleinigkeiten und lädt zum Verweilen ein.

Das Wort *tapa* bedeutet eigentlich »Deckel«. Im Gasthaus legte man früher bei heißem Wetter auf die Gläser mit Getränken jeweils eine Scheibe Brot, die die Fliegen abhalten sollte. Darauf wurde Wurst oder Käse gesetzt, um das Ganze appetitlich zu machen. Übrigens war das alles früher im Preis für das Getränk enthalten.

Heute werden in kleinen Portionen die verschiedensten Köstlichkeiten angeboten, von ausgefallenen exotischen bis hin zu milden, den Gaumen beruhigenden Geschmacksrichtungen. Probieren und gegenseitiges Anbieten wird zum Gemeinschaftserlebnis. Zu den einfachsten *tapas* gehören einige der leckersten spanischen Lebensmittel: roter, roher *jamón serrano* (S. 12), schwarzgewachster Manchego (s. KÄSE S. 12), dicke Scheiben der würzigen *chorizo* (S. 11) und darüber hinaus noch marinierte Oliven: *aceitunas aliñadas.* Jeder findet hier seine Lieblingssorte, ob die besonders großen *obregóns,* fast so dick wie Walnüsse, herkömmliche grüne *sevillanas extras,* kleine grüne *manzanillas* oder die kleinen graubraunen *arbequines,* die nicht größer als dicke Málaga-Rosinen sind. Und natürlich gibt es schwarze Oliven: *negra dulce perlas* und die öligen *aragonésas.*

Erhältlich sind auch warme Gerichte, die dem Magen und der Seele wohltun. Denn die *tapa*-Bar ist ein Ort des Trostes, an den die Menschen nach den Mühen und Plagen der Arbeit kommen. Einfache, natürliche Aromen kann man mit goldfarbenen *tortillas* genießen, mit *patatas bravas* (Kartoffeln in einer chilischarfen Tomatensauce) oder als Hühnchen in Knoblauch. Und es gibt milde Speisen in altbekannten Saucen wie Nieren in Sherry (S. 23) und Hackfleischbällchen in Sherrysauce (S. 21).

In den *tapa*-Bars können die Spanier ihrer Vorliebe für Meeresfrüchte frönen. Garnelen werden immer angeboten, außerdem Venus- oder Miesmuscheln in Weißwein, marinierte Anchovis, kleine gefüllte Kalmare *(chipirónes)* und der Topf mit tiefschwarzem, in seiner Tinte geschmortem Tintenfisch.

Zu den *tapas* können auch regionale Gerichte gehören. Im Baskenland gibt es die durchsichtigen *angulas* in scharfem Chiliöl (Glasaale, in Keramikschüsseln serviert). Wieder andere Spezialitäten sind kleine gebratene *kokotxas* (Seehechtbacken) und *gambas en gabardinas* (Garnelen im »Regenmantel« aus Teig, S. 26). Schüsseln mit *txangurro* (gebackene Seespinne) gibt es überall an der Nordküste.

Cádiz im Südwesten ist berühmt für gebratenen Fisch, wie *acedías fritas* (junge Seezungen) und *huevas* (knusprig ausgebackener Rogen). Den Hai, insbesondere den Hundshai, schätzt man geschmort oder im Teigmantel fritiert. Und natürlich gibt es das Gericht, das nach Meinung der Touristen für ganz Spanien steht: knusprige *calamares*-Ringe. Allerdings sind die Kalmare in dieser Ecke Spaniens eher klein und werden, im Ganzen fritiert, als *puntillitas* serviert.

Hauptzweck der *tapas* war es ursprünglich, die Zeit bis zum sehr späten Abendessen der städtischen Bevölkerung auf angenehme Art zu überbrücken.

Viele *tapas* eignen sich gut als Vorspeisen. Ich erwähne hier die Vorspeisen und die Suppen in einem Atemzug, weil ich berücksichtigen möchte, wie man dieses Buch außerhalb Spaniens verwenden wird. Spanische Kochbücher ordnen die Suppen den Eintöpfen und Schmorgerichten zu, wofür es auch einen guten Grund gibt. Beim Köcheln verschiedener Fleischsorten, die für ein Hauptgericht zusammen in einem Topf gegart werden, entsteht nebenbei eine phantastische Brühe (*caldo*), die durch das langsame Köcheln ganz klar ist. Und diese Brühe ist die Grundlage für viele Suppen – eingeschlossen die weltberühmte *consomé al Jerez.* In Spanien wird sie wegen der dafür gern verwendeten Sherrysorte häufig *sopa viña A. B.* genannt.

Zu erwähnen sind auch einige sehr bekannte Cremesuppen. Dazu gehört der *puré de Vigilia* aus gesalzenem Kabeljau, der während der Fastenzeit gegessen wird. Brot ist die Basis für eine andere Art von dünnen Suppen. Bei den etwas abenteuerlich aussehenden Maultiertreibern gibt es eine Version aus Brot und Rotwein mit Namen *sopa de loro.* Und jeder kennt den gekühlten *gazpacho* mit Knoblaucharoma.

Alle spanischen Provinzen haben ihre Fischsuppen, die an der Küste wegen des schlechten Wetters mit Alkohol verfeinert werden. Ein Beispiel ist die *sopa de mejillónes* (Suppe aus Miesmuscheln, Tomaten und *aguardiente* [S. 10]) der Katalanen. Der Schmortopf voller Fischzutaten gibt einer anderen Gruppe den Namen: den *caldeiradas* aus Galicien. Auf dem Land sind die gebräuchlichsten Suppen *potajes* (dicke Gemüsesuppen), die von allem etwas enthalten.

PELOTAS EN SALSA ROJA

HACKFLEISCHBÄLLCHEN IN ROTER SHERRY-SAUCE

Man kann Tomatensauce auch auf schnellere Art zubereiten, aber diese Methode ist herrlich einfach. Ihren Charakter erhält die Sauce durch den erstklassigen, hellgoldenen trockenen *fino* Sherry oder Montilla (S. 16).

FÜR 6–8 PERSONEN

500 g Hackfleisch vom Schwein oder Kalb
(oder halb und halb)
100 g geräucherter roher Schinken, feingehackt
50 g grüne Oliven, entkernt und feingehackt
2 Scheiben altbackenes Brot
4 EL Zitronensaft
Fein abgeriebene Schale von 1/2 unbehandelten Zitrone
1/2 TL grobes Salz
Cayennepfeffer
2 Eier, verquirlt, zum Panieren
Mehl zum Panieren
125–150 ml Olivenöl zum Braten

SALSA ROJA

1 Zwiebel, feingehackt
1 kg reife Tomaten, enthäutet und entkernt,
oder 800 g Tomaten aus der Dose (mit Saft)
2 EL Olivenöl
200 ml guter fino *Sherry oder Montilla*

Mit der Sauce beginnen. Die Zwiebel in einer großen Kasserolle sehr langsam in Olivenöl weich und goldgelb braten. Die Tomaten hinzufügen und köcheln lassen, bis die Sauce gut eingekocht ist. Gelegentlich mit einem Kochlöffel umrühren.

Das Brot in Zitronensaft ziehen lassen, dann leicht ausdrücken. Mit allen anderen Zutaten für die Hackfleischbällchen vermischen – das geht am besten mit der Küchenmaschine. Bällchen von der Größe großer Murmeln formen, dann in verquirltem Ei rollen. In einem Frischhaltebeutel mit Mehl schütteln oder auf einem Teller mit Mehl hin- und herrollen, bis sie leicht überzogen sind.

Das Öl in einer oder zwei Pfannen erhitzen und die Hackfleischbällchen darin braten. Die Pfannen dabei ab und zu schütteln, so daß die Bällchen herumrollen und gleichmäßig bräunen. Sobald sie gar sind, den *fino* Sherry in die Tomatensauce rühren, diese über die Hackfleischbällchen geben und alles zum Kochen bringen. Zum Servieren Zahnstocher in die Fleischbällchen stecken.

PINCHITOS MORUNOS

MAURISCHE FLEISCHSPIESSCHEN

In Andalusien erhält man in jedem Dorfladen *pinchitos,* die Gewürzmischung für diese Spieße. Sie ist in einer kleinen, mit der Abbildung eines weißbärtigen Mauren mit rotem Turban verzierten Schachtel verpackt. Vermutlich handelt es sich hierbei um Spaniens einzige Fertiggewürzmischung. Man hat mich darauf hingewiesen, daß sechs der zehn in *pinchitos* enthaltenen Gewürze auch für Currypulver verwendet werden. Daher ist milder Curry, kombiniert mit Koriander, Paprika, Thymian und Pfeffer, ein ebenbürtiger Ersatz.

In Marokko wird dieses Gericht mit Lamm zubereitet, in Spanien jedoch für gewöhnlich mit Schweinefleisch. Der Vorteil ist, daß dieses Fleisch mit Salz mariniert werden kann. Die ersten *pinchitos* meines Lebens waren schmale Streifen Schweinefleisch, etwa 5 cm lang, auf einen doppelt so langen Spieß gesteckt. Sie waren viel interessanter als Fleischwürfel, schmeckten aber natürlich genauso. Die Streifen schneidet man mit dem natürlichen Faserverlauf aus marmoriertem Schweinefleisch, zum Beispiel dem Schulterstück.

FÜR 10–12 PERSONEN

500 g Schweinsrippe oder Schweineschulter,
in kleine Würfel oder Streifen geschnitten

MARINADE

2 Knoblauchzehen, feingehackt
2 TL Salz
1 TL mildes Currypulver
1 TL Koriandersamen, gemahlen
1 TL Paprikapulver
1/4 TL getrockneter Thymian
Reichlich frisch gemahlener Pfeffer
3 EL Olivenöl
1 EL Zitronensaft

Den Knoblauch mit etwas Salz im Mörser oder mit dem Messerblatt auf einem Brett zerdrücken. Diese Paste in eine Schüssel geben. Alle anderen Zutaten für die Marinade unterrühren. Das Schweinefleisch (etwa 24–30 Stücke) auf Spieße stecken und in der Marinade wenden. Dabei darauf achten, daß alle Fleischstücke mit Marinade überzogen sind. Mindestens 2 Stunden oder länger ziehen lassen.

Den Grill vorheizen. Die *pinchitos* auf dem Rost des Grills verteilen und von jeder Seite 2–3 Minuten grillen. Mit der Grillzange wenden.

POLLO AL AJILLO AL ESTILO DE PARELLADA

HÄHNCHEN MIT KNOBLAUCH

Hähnchen mit Knoblauch ist ein typisch spanisches Gericht. Im allgemeinen zerlegen die Spanier Geflügel mit einem Hackmesser quer durch die Knochen. Dieses Gericht ist allerdings ohne Knochen – dank Juli Parellada, einem Dandy des 19. Jahrhunderts aus Barcelona. Er wagte es, sich eine *paella* »ohne Knochen« zu bestellen.

FÜR 6 PERSONEN

1 Hähnchen (etwa 1100 g)
4 große Knoblauchzehen, feingehackt
2 TL Salz
Etwa 5 EL Olivenöl
Frisch gemahlener schwarzer Pfeffer
1 EL Petersilie, feingehackt

Das Hähnchen zerlegen. Dazu über dem Bein in Richtung Gelenk die Haut einschneiden. Mit dem Messer in Richtung Schwanzwurzel weiterschneiden, dort nach innen stoßen und das Fleisch vom Rückgrat trennen. Beide Schenkel abtrennen. Die Flügel am Rücken abtrennen und aufbewahren. Sie können für die Zubereitung einer Brühe verwendet werden.

Mit den Fingern in den Schlund fassen und die Gabelbeine ertasten. Hier entlangschneiden und diese herausziehen. Auf beiden Seiten am Brustbein entlangschneiden und die Brustfilets freilegen. Die Haut entfernen und das Fleisch in mundgerechte Stücke schneiden. Ober- und Unterschenkel trennen und das Fleisch in großen Stücken von den Knochen lösen. Man erhält etwa 350 g Fleisch, das in eine Schüssel gegeben wird.

Den gehackten Knoblauch mit Salz bestreuen und mit dem Messerblatt oder im Mörser zu einer Paste verarbeiten. Einen Eßlöffel Olivenöl daruntermischen. Hähnchenstücke mit Pfeffer würzen und die Knoblauchmasse unterrühren. Bis zur Verwendung ziehen lassen, dabei gelegentlich umrühren.

Vier Eßlöffel Olivenöl in der Pfanne erhitzen und die Fleischwürfel hineingeben. Bei mittlerer Hitze etwa 10 Minuten goldgelb braten, dann mit einem Spatel wenden. Ein Blatt Küchenkrepp auf den Boden der Servierschüssel legen und das Fleisch daraufgeben. Küchenkrepp entfernen, das Fleisch mit etwas Petersilie bestreuen und zusammen mit einem Becher Zahnstocher auf einer Platte servieren.

CAFÉ Das leise Klicken der Dominosteine ist ein typisches Geräusch in spanischen Cafés, den unentbehrlichen Zufluchtsorten, in denen die Menschen zum Essen und Trinken zusammenkommen und über Gott und die Welt reden oder einfach das Geschehen beobachten.

TARTALETAS DE RIÑONES AL JEREZ

SHERRY-NIEREN IN TORTELETTS

In den meisten *tapa*-Bars Spaniens wird man auf Nieren in Sherrysauce stoßen. Im Süden gibt es Schweinenieren in Tomatensauce und die feineren Kalbs- oder Lammnieren in den Städten – in jedem Fall eine wärmende *ración*, um die Qual des Hungers abzuwenden. Zu Hause reicht man das Nierenragout mit Reis oder Nudeln. Mitunter fügt man Schinken oder Speck hinzu und bindet die Sauce mit Mehl und Gemüse.

Die elegante Version mit wenig Sherrysauce wird in kleinen Törtchen serviert und eignet sich gut für eine Party. Man sollte sie jeweils mit zwei Bissen essen können. Nehmen Sie daher kleine, nur 0,5 cm tiefe Tortelett-Förmchen.

FÜR 6–8 PERSONEN

500 g Kalbs- oder Lammnieren
200 ml fino *oder* amontillado *Sherry*
2 EL Olivenöl
2 EL Schweineschmalz
1 Knoblauchzehe, feingehackt
1 EL Tomatenmark
2 EL Petersilie, feingehackt, und etwas Petersilie zum Garnieren

TÖRTCHEN

75 g Mehl und etwas Mehl zum Ausrollen
25 g grobes gelbes Maismehl
5 EL Butter, gewürfelt
1/4 TL Salz
Etwa 2 EL Zitronensaft

Den Teig zubereiten. Mit einem Messer die Butter, das gesalzene Mehl und das Maismehl zu feinen Krümeln verarbeiten. Dann so viel Zitronensaft hinzufügen, daß ein glatter Teig entsteht. Den Backofen auf 180 °C (Gas Stufe 2–3) vorheizen und 16 Tortelett-Förmchen ausfetten. Den Teig ausrollen und mit einem Teigmesser Kreise ausschneiden. Die Förmchen mit Teig auslegen und 8 Minuten backen.

Die Nieren vorbereiten. Alle Häutchen entfernen, das feste Innere herausschneiden und dann die Nieren in große Würfel schneiden. Öl und Schweineschmalz in einer Pfanne erhitzen, den Knoblauch hineingeben. Bei starker Hitze eine Handvoll Nierenwürfel in die Pfanne geben und unter Rühren anbraten. Die Pfanne vom Herd nehmen, die Nieren herausnehmen und das Fett vor der Zugabe der nächsten Portionen wieder heiß werden lassen.

Den Bratenfond mit Sherry ablöschen, bis auf etwa vier Eßlöffel einkochen lassen. Tomatenmark und Petersilie unterrühren, am Schluß die Nieren vorsichtig unterrühren und die Pfanne vom Herd nehmen. Das Ragout auf die Törtchen geben, nach Belieben mit etwas Petersilie bestreuen und sofort servieren.

CHAMPIÑONES RELLENOS

GEFÜLLTE CHAMPIGNONS

Gefüllte Champignons gehören zu den wenigen warmen *tapas*, die sich so schnell zubereiten lassen, daß man sie selbst während einer Party noch garen kann. Das Rezept stammt von Ana Diment Castillo vom Mesón Don Felipe in London. Gehen Sie zuerst auf die Suche nach den *chorizos*. Dann erstehen Sie noch Champignons in der richtigen Größe, denn es soll in die Köpfe jeweils eine Scheibe Wurst hineinpassen.

FÜR 8 PERSONEN

Etwa 700 g Champignons
4 chorizos *zum Kochen oder andere frische, würzige Würste*
Salz
Olivenöl

Die Champignons putzen und die Stiele entfernen. Die Köpfe innen leicht salzen. *Chorizo* in Scheiben schneiden, dabei die Haut entfernen. Die Wurstscheiben in die Pilzköpfe drücken und deren Oberseite jeweils mit Öl bestreichen. Dann die Pilze mit der Oberseite nach unten auf ein Backblech setzen.

Den Grill vorheizen. Die Pilze 5 Minuten grillen, bis sie zu brutzeln beginnen. Sofort servieren.

BUÑUELOS DE QUESO

FRITIERTE KÄSENOCKEN

Diese Käsenocken sind kaum noch interessant, wenn sie nicht sofort gegessen werden. Und tatsächlich ist *buñuelo* ein umgangssprachlicher Ausdruck für Stümperei oder Kuddelmuddel. Also bitte ohne Verzögerung genießen! Als Abwandlung können Sie zwei Eßlöffel geriebene Zwiebel und eine großzügig bemessene Menge Cayennepfeffer zum Käse geben. Oder wie wäre es mit vier Eßlöffeln gehackten Mandeln oder grünen Oliven als Zugabe oder Ersatz für den Käse?

FÜR 6 PERSONEN

35 g Butter
1/4 TL Salz
125 ml Milch oder Wasser
65 g Mehl, gesiebt
2 große Eier, verquirlt
50 g Manchego oder Parmesan oder Greyerzer, gerieben
1/2 TL Dijon-Senf
Öl zum Fritieren
Paprikapulver oder Cayennepfeffer zum Bestreuen

Butter, Salz und Milch in einer großen Kasserolle langsam zum Kochen bringen. Vom Herd nehmen und das Mehl hinzufügen. Mit dem Kochlöffel kräftig rühren. Wieder auf den Herd stellen und weiterrühren, bis sich die Masse nach 1–2 Minuten um den Kochlöffel ballt. Wieder vom Herd nehmen und die verquirlten Eier unterrühren, so daß ein glatter Teig entsteht. Geriebenen Käse und Senf hineinrühren.

Das Öl in der Friteuse erhitzen: bei einer elektrischen auf der höchsten Stufe, sonst so heiß werden lassen, daß ein Brotwürfel in 40 Sekunden darin bräunt. Mit einem Teelöffel Teig abstechen, diesen mit Hilfe eines zweiten Teelöffels vorsichtig in das heiße Fett gleiten lassen. Auf diese Weise jeweils sieben bis acht Nocken fritieren. Sobald sie an die Oberfläche steigen, mit einer Schaumkelle wieder hinunterdrücken und dabei wenden. Während sie ihre Größe verdoppeln, bräunen sie auf diese Weise gleichmäßig und werden schön rund. 5 Minuten fritieren, bis sie außen goldgelb sind und der Teig auch innen gar ist. Auf Küchenkrepp abtropfen lassen.

Die *buñuelos* mit Paprika oder Cayennepfeffer bestreuen und mit Zahnstochern zum Aufspießen servieren. Dazu paßt sehr gut ein halbtrockener *amontillado* Sherry (S. 16). Mit seinem intensiven Bukett und leicht nussigen Aroma ist er eine ideale Ergänzung dieser Käsenocken.

BOQUERONES SIN TRABAJO

ANCHOVISSALAT

Die schwarzrückigen Anchovis werden entlang der ganzen Mittelmeerküste gefangen – von Estepona bei Gibraltar bis Llansá an der französischen Grenze. Man braucht sie nur zu marinieren und hat dann eine Vorspeise, die mit dem Konservenfisch nicht die entfernteste Ähnlichkeit hat. Sardinen oder Stinte sind ein geeigneter Ersatz, falls Sie keine Anchovis bekommen.

FÜR 4 PERSONEN

500 g frische Anchovis, Sardinen oder Stinte
3/4 TL Salz
Etwa 150 ml Weißweinessig
1 Knoblauchzehe, feingehackt
2 EL milde spanische Zwiebeln, gehackt
3 EL Olivenöl
2 TL Zitronensaft
Frisch gemahlener schwarzer Pfeffer
Gewürfelte rote Paprikaschote und gehackte Petersilie zum Garnieren

Fische ausnehmen und die Köpfe abschneiden. Dabei, falls notwendig, den Schnitt von der Bauchhöhle bis zum Schwanz verlängern. Jeden Fisch auf den Bauch legen und mit den Daumen kräftig auf die Mitte des Rückens drücken. Unter dem Druck teilt er sich und liegt nun flach auf der Arbeitsplatte. Wenden, vom Kopfende her die Mittelgräte herauslösen und diese am Schwanzende mit der Schere abschneiden.

Den Fisch mit der Haut nach unten in eine Schale legen, mit Salz, Knoblauch und Zwiebeln bestreuen und mit Essig beträufeln. An einem kühlen Ort 24 Stunden stehenlassen.

Am folgenden Tag abtropfen lassen und abspülen (etwas Zwiebeln aufheben). Mit Küchenkrepp trockentupfen. Den Fisch mit einem Dressing aus Öl, Zitronensaft und Gewürzen anrichten. Dann etwas marinierte Zwiebel und dazu noch Paprika und Petersilie als Farbtupfer darüberstreuen. Mit gekühltem *fino* Sherry (S. 16) als *tapa* für eine kleine Gästegruppe servieren oder mit Salat als Mittagessen für drei bis vier Personen zu Tisch bringen.

MEDIZINISCHE KRÄUTER Auf dem Markt in Granada werden Kräuter gegen eine Vielzahl von Leiden verkauft – hier dienen sie einmal anderen als kulinarischen Zwecken.

ROMPE
MAREOS
DOLOR
GRASA EN
SANGRE
PARA
ARDORES
EN EL
PARA EVITAR
LA CAIDA
CABELLO

GAMBAS EN GABARDINAS

GARNELEN IM »REGENMANTEL«

Die Garnelen werden durch eine knusprige Teighülle vor der Hitze des Öls geschützt und tragen so buchstäblich einen »Regenmantel«. Bei diesem Rezept handelt es sich um den leichtesten und knusprigsten Ausbackteig für Fisch, den ich kenne. Er eignet sich nur für Ausbackgut, das eine kurze Garzeit benötigt. Eine hübsche Variante des Rezepts: Pro Person einige Streifen rote Paprikaschote, drei große grüne Oliven und entsprechend weniger Garnelen in Teig hüllen und fritieren.

FÜR 4 PERSONEN

500 g große Garnelen in der Schale
Olivenöl zum Fritieren
1 Zitrone, in Spalten geschnitten

AUSBACKTEIG

110 g Mehl
Salz
3 EL Öl oder zerlassene Butter
175 ml lauwarmes Wasser
Cayennepfeffer
1 Eiweiß

Für den Teig Mehl und Salz in eine Schüssel geben. Das Öl oder die Butter und nach und nach das lauwarme Wasser unterrühren, so daß zunächst ein pastenartiger, dann ein flüssiger Teig entsteht. Etwas Cayennepfeffer hinzufügen. Den Teig stehenlassen, während die Garnelen geschält werden.

Das Öl erhitzen (bei einer elektrischen Friteuse auf höchster Stufe), bis ein Brotwürfel in 30–40 Sekunden darin bräunt. Wenn das Öl heiß ist, das Eiweiß schlagen (nicht zu steif) und unter den Teig heben. Jede Garnele am Schwanz festhalten und in den Ausbackteig tauchen, dann vorsichtig in das Öl gleiten lassen. 30 Sekunden bräunen und aufgehen lassen. Dann die Garnelen mit einer Schaumkelle herausheben und auf Küchenkrepp abtropfen lassen. Sofort mit Zitronenspalten servieren.

MEJILLONES CON PIMIENTO VERDE Y ROJO

KALTE PIKANTE MUSCHELN MIT PAPRIKA

Die Miesmuscheln Galiciens zählen zu den besten der Welt – groß und leuchtendorange liegen sie wie exotische Früchte in ihren Schalen. Und sie sind so zart, daß sie fast roh, nur mit Zitronensaft beträufelt, gegessen werden. Man züchtet sie in den Buchten der Atlanitkküste. Muscheln wachsen dort an kleinen Plattformen, auf denen sich jeweils eine Hütte befindet. Das Ganze sieht aus wie eine Ansammlung chinesischer Dschunken auf dem Meer.

Für dieses einfache Gericht werden die Muscheln sanft gedämpft. Als Farbtupfer und zusätzlicher »Biß« kommen noch knackige Würfel grüner und roter Paprikaschoten hinzu. So wird daraus eine sehr attraktive *tapa.*

Wollen Sie die Muscheln als Vorspeise für vier Personen servieren, müssen die Zutatenmengen verdoppelt werden. Nochmals verdoppelt reicht das Ganze für das kalte Buffet einer Party mit 24 Personen.

FÜR 4 PERSONEN

500 g Miesmuscheln, gesäubert (S. 96)
125 ml trockener Weißwein
1/4 grüne Paprikaschote, sehr fein gewürfelt
1/4 rote Paprikaschote, sehr fein gewürfelt
1–2 TL Zitronensaft
Salz
Frisch gemahlener schwarzer Pfeffer

Den Wein mit etwas Pfeffer in einem großen Topf erhitzen. Jeweils eine Handvoll Muscheln hineingeben und zugedeckt 2–3 Minuten dämpfen. Herausnehmen, wenn sie sich geöffnet haben. Die oberen Schalenhälften entfernen. Alle Muscheln wegwerfen, die geschlossen bleiben oder nicht süßlich duften. Jeweils zwei Muscheln in eine Schalenhälfte legen und auf einer Servierplatte anordnen.

Den Fond durch ein mit einem Mulltuch ausgelegtes Sieb gießen, damit der Sand entfernt wird. Dann kochen und reduzieren, bis etwa vier Eßlöffel konzentrierter Fond übrig sind. Sehr vorsichtig mit Zitronensaft und, falls nötig, Salz und Pfeffer abschmecken.

Mit einem Teelöffel auf alle Muscheln etwas Fond träufeln, bis sie glänzen. Feingewürfelte rote und grüne Paprikaschoten darüberstreuen. Bis zur Verwendung kalt stellen, jedoch noch am selben Tag servieren.

Ein gekühlter Weißwein aus Ribeiro ist der natürliche Partner für diese einfache *tapa.* Der »grüne« Albariño-

Wein ist blumig und leicht säuerlich. Er ist einer der besten spanischen Weine zu Fischgerichten. Normalerweise perlt er leicht – wie der *vinho verde* aus Portugal, der direkt hinter der Grenze aus derselben Traube hergestellt wird. Allerdings sind die spanischen Weine trockener, da die portugiesischen für den Export nachgesüßt werden. Am bekanntesten ist der nichtperlende Palacio de Fefiñanes.

CHANQUETES

FRITIERTE SPROTTEN

Die kleinen sardellenähnlichen Fische mit dem Namen *chanquetes* schwimmen zuweilen in großen Schwärmen vor der Südküste Spaniens. Diese Fische werden, wie auch die Anchovis und Sardinen, fritiert – eine Kunst, in der die Spanier brillieren. Man bäckt sie zwar auch oft in einer Teighülle, aber Mehl ist doch eher das Richtige, wenn *chanquetes* fritiert werden sollen. Außerhalb Spaniens sind diese kleinen Fische schwer erhältlich. Sprotten, Heringe oder Ährenfische sind die den *chanquetes* ähnlichsten Arten.

FÜR 4 PERSONEN

500 g frische Sprotten
4 EL Mehl
½ TL Salz
Frisch gemahlener schwarzer Pfeffer
Cayennepfeffer
Olivenöl zum Fritieren
Zitronenspalten

Die Fische kalt abspülen und mit Küchenkrepp gut trokkentupfen. Das Öl zum Fritieren auf 190 °C erhitzen. Diese Temperatur, die höchste in der elektrischen Friteuse erreichbare, liegt knapp unter dem Rauchpunkt von Olivenöl. Ein Brotwürfel sollte darin innerhalb von 30–40 Sekunden knusprig werden.

Mehl und Gewürze in einen Frischhaltebeutel geben und eine Handvoll Fische hinzufügen. Schütteln, bis die Fische ganz mit Mehl überzogen sind, dann auf eine Platte legen. Auf diese Weise gerät möglichst wenig Mehl in die Friteuse. Den Fisch in das heiße Öl geben und 1½–2 Minuten goldgelb fritieren. An den Seiten der Fische erscheinen dabei kleine Bläschen. Zum Abtropfen mit einer Schaumkelle auf Küchenkrepp legen. Die zweite Portion erst in Mehl schwenken, wenn die erste schon in der Friteuse ist. So kann das Mehl nicht feucht werden. Den Fisch in fünf bis sechs Portionen fritieren, dabei jede Portion auf sauberem Küchenkrepp abtropfen lassen. Mit Cayennepfeffer bestreuen, mit Zitronenspalten garnieren und mit Baguette servieren.

Das Öl gleich nach der Verwendung durch ein Sieb gießen und einen langen Streifen unbehandelte Zitronenschale darin erhitzen, damit der Fischgeruch entweicht. Das Öl aber auch nach dieser Behandlung nur noch für Fischgerichte verwenden.

GAMBAS PIL-PIL

BRUTZELNDE CHILIGARNELEN

Diese Zubereitungsart für Garnelen ist ausgesprochen populär – nicht zuletzt, weil auf diese Weise bereits gegarte oder sogar tiefgefrorene Garnelen gekonnt »verkleidet« werden. Dieses Rezept ist für Garnelen als Beigabe zu Getränken gedacht, wird jedoch häufig als Vorspeise in Portionsschälchen gereicht. Kleine *cazuelitas* (Tiegel) werden dazu im Backofen erhitzt, und jeder Gast bekommt zu seinen Garnelen mindestens vier bis fünf Eßlöffel Öl hinein. Die kleinen Töpfchen werden zum Servieren jeweils mit einem Stück Brot bedeckt, damit das Öl nicht spritzt. Zuletzt dient das Brot dann zum Auftunken des Olivenöls.

FÜR 4 PERSONEN

250–350 g große Garnelen, geschält
(aufgetaut, falls tiefgefroren)
2 Knoblauchzehen
2 kleine getrocknete Chilischoten
oder 1 frische Chilischote, entkernt,
oder ¼–1 TL Cayennepfeffer
Paprikapulver
6–7 EL Olivenöl

Die Knoblauchzehen mit dem Messerblatt zerdrücken. Das Öl mit dem Knoblauch und der in Scheiben geschnittenen Chilischote oder den getrockneten Chilischoten oder dem Chilipulver erhitzen. Den Knoblauch zusammen mit den getrockneten Chilischoten entfernen, sobald er braun wird. Die frische Chilischote sollte in der Pfanne bleiben.

Die Garnelen gründlich mit Küchenkrepp trockentupfen, falls Sie tiefgefrorene verwenden. Etwa 1 Minute in dem sehr heißen Öl braten, dabei öfters wenden und zum Schluß mit Paprika würzen. In einer sehr heißen Schüssel mit dem Öl und der frischen Chilischote servieren. Dazu Zahnstocher reichen.

MANTECA COLORADA

PAPRIKA-SCHWEINESCHMALZ-RILLETTES

Manteca colorada, eine praktische Vorspeise zur Selbstbedienung für eine kleine Gästegruppe, die bei einer Flasche Wein zusammensitzt, den Sonnenuntergang beobachtet und träge auf das Abendessen wartet. Das weiche rote Schweineschmalz mit zerfasertem Fleisch ist der mit und ohne Haut verkauften *sobrasada* (S. 16) sehr ähnlich, die auf Mallorca so beliebt ist.

FÜR 8 PERSONEN

400 g fetter Schweinerücken ohne Schwarte
400 g frischer Schweinebauch
3 dicke Knoblauchzehen
6 EL fino *Sherry*
2 Lorbeerblätter, zerdrückt
2 TL Paprikapulver
Reichlich frisch gemahlener Muskat
1 TL Salz
Reichlich frisch gemahlener schwarzer Pfeffer

Den Backofen auf 140 °C (Gas Stufe 1) vorheizen. Das Fett so klein wie möglich würfeln. Den Schweinebauch in etwa 2,5 cm große Stücke schneiden. Fleisch und Fettwürfel in eine im Ofen vorgewärmte Kasserolle geben. Die Knoblauchzehen mit dem Messerblatt zerdrücken und mit dem Sherry in die Form geben.

Die zugedeckte Kasserolle für 1 Stunde in den Backofen stellen. Dann umrühren und mit den Gewürzen und Kräutern kräftig würzen. Nochmals umrühren und das Ganze etwa 5 Stunden sanft köcheln lassen.

Die Masse in einen Durchschlag über einer hitzefesten Schüssel geben. Mit dem Löffelrücken das Fett ausdrücken. Die Fleischwürfel mit zwei Gabeln zerteilen und zu dem flüssigen Fett in die Schüssel geben. Die Rückstände im Durchschlag beseitigen. Das flüssige Fett abschmecken. In Spanien kommt das Schmalz in dieselbe Art hoher, geradwandiger Tontöpfe, die auch für Joghurt verwendet werden. Das Rezept ergibt etwa 450 ml. Bis zur Verwendung kalt stellen, dann mit Baguette servieren.

PA AMB TOMÀQUET CON JAMÓN Y QUESO

TOMATENBAGUETTE MIT SCHINKEN UND KÄSE

In Katalonien kommt Brot nur selten ohne die obligatorischen Tomaten auf den Tisch. In heißen Sommern, wenn die Tomaten erstklassig sind, esse ich fast jeden Tag mittags ein katalanisches Tomatenbrot, denn es ist eine ideale Beilage zu Salat. Das Ganze ist köstlich und raffiniert – ähnlich wie die provenzalische *chaponnade*, bei der der Boden einer Salatschüssel mit Knoblauchbrot ausgelegt wird. In diesem Fall kommen obenauf allerdings noch der beste spanische Schinken und Käse.

FÜR 8 PERSONEN

1 sehr langes Baguette
700 g reife Tomaten
6–8 Knoblauchzehen
Ein Schüsselchen mit 175 ml Olivenöl
Etwa 250 g jamón serrano *(S. 12) oder* prosciutto crudo*,*
in dünne Scheiben geschnitten
Etwa 300 g Manchego (S. 12) oder junger Parmesan,
in dünne Scheiben geschnitten

Das Baguette in Portionsstücke, diese wiederum längs in zwei Hälften schneiden. Schinken und Käse in Scheiben schneiden, die nicht größer als die Brothälften sind. Auf zwei Platten anrichten, alles zusammen mit Frühstückstellern und Messern auf den Tisch stellen. Das Brot sehr kurz toasten.

Zum Essen halbiert jeder eine Knoblauchzehe und reibt mit der Schnittfläche die Innenseiten seines Toasts ab. Dann eine Tomate halbieren und den Saft auf die Knoblauchseiten drücken. Zum Schluß etwa einen Teelöffel Olivenöl darüberträufeln.

Aficionados (Kenner), besonders diejenigen im Val d'Arran in den Pyrenäen, essen das Brot dann so. Bei dieser anspruchsvolleren Version wird der Toast noch mit je einer Scheibe Schinken und Käse belegt.

EIN PLATZ IN LÉRIDA Der morgendliche Einkauf wird durch einen kleinen Plausch auf dem Dorfplatz unterbrochen, dem Mittelpunkt, um den sich das Leben in den spanischen Dörfern und Städten dreht.

OLIVENBÄUME IN ANDALUSIEN *(umseitig)* Scheinbar endlose Olivenhaine so weit das Auge reicht – dies ist die typische Landschaft Andalusiens, dessen ausgetrocknete, fast unfruchtbare Erde für den Olivenanbau genau das Richtige ist.

GAZPACHO ROJO DE SEVILLA

GEKÜHLTE ROTE SUPPE AUS SEVILLA

Der *gazpacho* geht zurück auf vorrömische Zeiten. Ursprünglich war er eine einfache Suppe, die durch den kalten Steinfußboden und eiskaltes Quellwasser gekühlt wurde. Ausländer betrachteten *gazpacho* verächtlich als primitive ländliche Kost. *Caspa* ist der italienische Ausdruck für »Reste« oder »Kleinigkeit«, *acho* ist eine herabsetzende Nachsilbe. Ruhm war dieser Suppe erst im 19. Jahrhundert beschieden, als Paprikaschoten, Gurken und Tomaten hinzugefügt wurden.

Die Spanier sagen, es gäbe »so viele verschiedene *gazpachos* wie Mörser und Stößel«. Und die Art der Zubereitung des *gazpacho* durch den jeweiligen Koch oder die Köchin verrät deren regionale Herkunft. Zu der Madrider Version gehört beispielsweise Mayonnaise, andere werden mit Wild und Brühe zubereitet. Im Winter handelt es sich sogar um eine heiße, möglicherweise sogar dicke Suppe. Aber am besten und erfrischendsten schmeckt sie immer noch gekühlt an heißen Tagen.

FÜR 6 PERSONEN

2 Scheiben Weißbrot, ohne Kruste
1 kleine Zwiebel, grobgehackt
2 Knoblauchzehen, grobgehackt
250 g rote Paprikaschoten (grün, falls Tomatensaft verwendet wird), ausgehöhlt und grobgehackt
500 g reife Tomaten, enthäutet und entkernt, oder 400 g Tomaten aus der Dose (mit Saft) oder 750 ml Tomatensaft
1 Salatgurke, entkernt, die Hälfte der Schale entfernt und grobgehackt
2 EL Sherry- oder Rotweinessig
2 EL Olivenöl
1 TL grobes Salz
Cayennepfeffer
850 ml Eiswasser (bei Verwendung von Tomatensaft die Hälfte)

ZUM GARNIEREN

Zur Auswahl nach Belieben:
4 EL Croûtons, frischgeröstet
4 EL rote oder grüne Paprikaschoten, gehackt
2 Eier, hartgekocht, geschält und gehackt
4 EL milde spanische Zwiebeln oder Schalotten, gehackt
Eine Handvoll grüne oder schwarze Oliven, entsteint und gehackt

Das Brot mit Wasser bedecken, dann ausdrücken. Brot, Zwiebel, Knoblauch und Cayennepfeffer mit Öl und Salz in einen Mixer geben und alles gründlich pürieren. Gurke, Paprikaschoten, Essig und Tomaten oder Tomatensaft hinzufügen. Vermutlich müssen Sie das Ganze in zwei Portionen pürieren.

Mindestens 12 Stunden, am besten über Nacht, kalt stellen. Dazu den Kühlschrank auf die niedrigste Temperatur einstellen, oder die Suppe etwa 30 Minuten im Gefrierschrank kühlen.

Vor dem Anrichten mit Eiswasser verdünnen, aber ohne Eiswürfel servieren. Die Zutaten für die Garnierung in kleine Schüsseln geben und auf einem Tablett anbieten.

AJO BLANCO CON UVAS DE MÁLAGA

GEKÜHLTE WEISSE KNOBLAUCHSUPPE MIT MÁLAGA-TRAUBEN

Der weiße *gazpacho* stammt aus der Zeit von vor tausend Jahren, als die Mauren viele Gebiete Spaniens regierten. Ursprünglich bestand er aus Mandeln, die in eisigem Quellwasser zerstoßen wurden. In der Hitze der andalusischen Sommer war der *gazpacho* ausgesprochen wohltuend. Diese verfeinerte cremige Version aus Málaga wird mit süßen Trauben garniert.

FÜR 4–5 PERSONEN

250 g altbackenes Weißbrot oder Brötchen, ohne Kruste
2 Knoblauchzehen, geschält
2–3 EL Olivenöl
2 EL Sherry- oder Weißweinessig
100 g Mandeln, gemahlen
600 ml Eiswasser
250 g weiße Trauben, entkernt

Wasser über das Brot gießen, dann ausdrücken. Das Brot in Stücke zerteilen und mit dem Knoblauch in den Mixer geben. Salz und Olivenöl hinzufügen, alles pürieren.

Essig und Mandeln mit so viel Eiswasser dazugeben, daß eine glatte Paste entsteht. Langsam das restliche Wasser in den laufenden Mixer gießen, damit eine cremige Suppe daraus wird. Mindestens 2 Stunden kühlen. Abschmecken, in Suppentassen geben und mit Trauben garnieren.

Ajo Blanco con Uvas de Málaga *oben*, Gazpacho Rojo de Sevilla *unten*.

PANADERIA

SOPA DE AJO CON HUEVOS

KNOBLAUCHSUPPE MIT POCHIERTEN EIERN

Überall in Spanien ißt man Knoblauchsuppen. Das reicht von den bescheideneren Versionen, wie der Bettlersuppe aus Avila – mit gebratenem Knoblauch und Brotkrumen zubereitet, mit Paprika gefärbt und mit Salzwasser verdünnt –, bis hin zu den kräftigeren Arten, wie der Suppe aus Brot, Knoblauch, Paprika und geschlagenem Ei. Letztere hielt sogar Alexandre Dumas für erwähnenswert, als er in den vierziger Jahren des 18. Jahrhunderts durch Kastilien reiste. In La Mancha wird eine ähnliche Suppe Frischvermählten in ihrer Hochzeitsnacht gereicht, um »die Moral aufrechtzuerhalten«.

FÜR 4 PERSONEN

2 dicke Scheiben nicht zu weiches Bauernbrot (ohne Kruste)
2 EL Olivenöl
4 Knoblauchzehen, feingehackt
1 TL Paprikapulver
850 ml leichte Brühe oder Wasser
Salz
4 Eier

Den Backofen mit vier kleinen Tiegeln oder ofenfesten Suppentassen auf 170 °C (Gas Stufe 2) vorheizen. Das Öl in eine Kasserolle geben und das Brot darin braten. Dabei den Knoblauch in einer Ecke mitdünsten lassen, ohne daß er anbrennt. Das Brot nach dem Wenden mit Paprika bestreuen. Alles herausnehmen, Brot grob zerkleinern und mit dem Knoblauch in einen Mixer geben. Mit etwas Brühe oder Wasser pürieren. Die Masse wieder in die Kasserolle geben, die restliche Brühe oder das restliche Wasser mit etwas Salz hinzufügen und zum Kochen bringen.

In jede der hitzefesten Suppentassen ein aufgeschlagenes Ei geben. Die Suppe darüberschöpfen. Im Backofen etwa 4 Minuten erhitzen, so daß die Eier etwas fest werden. Wollen Sie hierfür nicht extra den Ofen aufheizen, können die Eier auch direkt in die heiße Suppe gegeben werden.

BÄCKEREI IN KASTILIEN Das Schild mit der Aufschrift *panadería* weist auf eine Bäckerei hin. Auf keinem spanischen Tisch darf frisch gebackenes, knuspriges Brot als Beilage zum Essen fehlen. In Kastilien sind die Bedingungen für den Weizenanbau günstig, und man sagt, daß hier das beste Brot Spaniens gebacken wird.

SOPA DE PICADILLO

KLARE SUPPE MIT SCHINKEN, EIERN UND MINZE

Mir gefällt der klare, frische Geschmack von Minze und Schinken in dieser Suppe. *Picadillo* bedeutet eigentlich Hackfleisch, trotzdem wird hier traditionell mit Schinken garniert. Die Suppe wird aus *caldo de puchero* (Fleischbrühe aus dem Siedtopf) zubereitet. Früher gehörte diese Brühe zu den Standardzutaten – zumindest in Haushalten, in denen Fleisch gegessen wurde. Denn mindestens einmal pro Woche wurde Fleisch für Gerichte wie *cocido madrileño* (S. 104) im großen Topf gekocht. Außerdem war diese Brühe ohne jegliches Gemüsearoma sehr gut und kräftig. Berühmte Suppen wie die *consomé al Jerez* (Sherry-Bouillon) basieren auf dieser gehaltvollen Brühe. Natürlich gibt es manchmal auch schlechte Brühen. Richard Ford muß 1840 eindeutig eine solche gegessen haben, denn er berichtete, der Siedtopf oder »*olla* wird hergestellt aus zwei Zigarren, gekocht in drei Gallonen Wasser«.

Ich nehme aus der Karkasse zubereitete Hühnerbrühe und koche nach Möglichkeit einen Schinkenknochen mit, den ich mitunter zweimal verwende. Außerdem gebe ich einige Kichererbsen mit hinein.

FÜR 4 PERSONEN

1 l Fleisch- oder Hühnerbrühe
100 g roher Schinken oder Räucherspeck, gewürfelt
Salz
Pfeffer
Blätter von 4 Minzezweigen
2 Eier, hartgekocht, geschält und gehackt

Die Brühe mit dem gewürfelten Schinken erhitzen. Abschmecken, Minze und gehacktes Ei hinzufügen und servieren.

PURRUSALDA

PORREE-KARTOFFEL-SUPPE

Der Name dieser Suppe stammt von *puerro* (Porree) und *saldo*, was »ausgewogen« bedeutet; auch ein baskischer Tanz heißt so. Manchmal enthält diese Suppe *bacalao* (S. 10). Er wird eingeweicht und kurz gebraten. Die Suppe wird in diesem Fall mit Wasser zubereitet, nicht mit Brühe.

FÜR 6 PERSONEN

4 Porreestangen (mit etwas Grün, nach dem Putzen etwa 500 g)
500 g Kartoffeln, in sehr dünne Scheiben geschnitten (eventuell geviertelt, wenn es große Kartoffeln sind)
2 Knoblauchzehen, feingehackt
2 EL Schweine- oder Geflügelschmalz oder Butter
Salz
Weißer Pfeffer
650 ml Fleisch- oder Hühnerbrühe
Toast zum Servieren

Die einfachste Methode, Porree zu putzen, ist folgende: Porree längs halbieren, dann mit dem oberen Ende nach unten in einen Krug mit kaltem Wasser stellen. Nach 10 Minuten abtropfen lassen und in (halbe) Ringe schneiden.

Den Porree in heißem Fett dünsten, bis er zusammenfällt. Kartoffeln und Knoblauch hinzufügen, mit Salz und Pfeffer würzen und alles kurz braten, dabei vorsichtig rühren. Die Brühe dazugeben und 15–20 Minuten kochen lassen. Abschmecken und mit getoastetem Brot servieren.

Die mit Fleischbrühe zubereitete Suppe schmeckt am besten frisch. Manchmal wird sie mit Käse überbacken serviert. Man kann auch Hühnerbrühe verwenden und eine cremige Suppe herstellen. Dazu die Flüssigkeitsmenge leicht erhöhen und das Ganze pürieren.

Purrusalda

CALDO GALLEGO

GALICISCHE KOHLSUPPE

Eigentlich eine wärmende Suppe für die kalten Monate des Jahres, bietet die *caldo gallego* aber auch frühlingshafte Frische. Sie ist außerhalb Galiciens so populär, daß alle Zutaten dafür sogar in Madrid zu haben sind. Traditionell wird diese Suppe mit *grelos* (jungen Blättern der Kohlrübe) zubereitet.

Der andere Bestandteil der Suppe ist das gesalzene Fleisch. Früher nahm die Bäuerin dafür einen *unto*, einen mindestens fünf Jahre alten Schinkenknochen mit etwas *tocino* (S. 16). Manchmal wird dies mit »Speck« übersetzt, *tocino* ist jedoch die Bezeichnung für die gepökelten Rippen vom Schweinebauch mitsamt dazugehörigem Fett. Ich habe sehr erfolgreich frische Schweinsrippe verwendet. Sie können auch gepökeltes Bauchfleisch nehmen, je nachdem, was Sie leichter bekommen.

FÜR 6 PERSONEN

250 g getrocknete weiße Bohnen
350 g Schweinebauch mit Rippen oder
125 g gepökeltes Schweinefleisch
500 g Knochen von geräuchertem Schinken mit kleinen Fleischresten
500 g eigroße Kartoffeln, halbiert
200 g zarte Kohlrübenblätter oder Grünkohl
Salz
Frisch gemahlener schwarzer Pfeffer

Kochendes Wasser über die Bohnen gießen und 1 Stunde einweichen. Falls Sie Bauchspeck verwenden, diesen mit Salz gut einreiben und würfeln. Wenn Sie Pökelfleisch nehmen, dieses mit dem Schinkenknochen in einen Topf geben, mit kaltem Wasser bedecken und zum Kochen bringen. 5 Minuten köcheln, dann abgießen.

Den Schinkenknochen, den Schweinebauch (oder das Pökelfleisch) mit den abgetropften Bohnen in eine Kasserolle geben und mit 2 l Wasser bedecken. Zum Kochen bringen, eventuell Schaum abschöpfen, dann zugedeckt 2 Stunden sanft köcheln lassen.

Die halbierten Kartoffeln hinzufügen und weitere 20 Minuten mitgaren. Die Rübenblätter putzen, dabei dicke Stiele entfernen. Fleisch und Knochen aus der Suppe nehmen. Mit Salz und Pfeffer abschmecken. Rübenblätter hineingeben und weitere 5–10 Minuten köcheln lassen. In der Zwischenzeit das Fleisch von den Knochen lösen, würfeln und in den Topf geben. Damit die Flüssigkeit etwas dicker wird, einige Kartoffeln herausnehmen, zerdrücken und wieder in die Suppe geben.

CALDILLO DE PERRO

FISCHSUPPE MIT ORANGEN AUS CÁDIZ

Die Vorliebe für diese winterliche Suppe wird an der liebevollen Bezeichnung *caldillo* (Süppchen) deutlich. Und *perro* bedeutet »Hund«. Die Suppe stammt aus dem Wohnviertel der Fischer in Puerto de Santa Maria, das den unvergleichlichen Hafen von Cádiz beherrscht.

FÜR 6 PERSONEN

1 kg junger Seehecht (etwa 3 Fische, filetiert, Köpfe, Gräten und Innereien aufbewahren)
5 Knoblauchzehen, gehackt
1 große Zwiebel, feingehackt
2 EL Olivenöl
Saft von 4 bitteren Sevilla-Orangen oder von 3 süßen Orangen
Saft von 2 Zitronen (falls süße Orangen verwendet werden)
1 unbehandelte Orange, geschält, quer in Scheiben geschnitten und diese geviertelt
2 TL Salz
Frisch gemahlener schwarzer Pfeffer

Beim Filetieren des Fisches können Sie großzügig vorgehen, denn die Fischabschnitte und Gräten werden für die Fischbrühe benötigt. Außerdem ist es die schnellste Methode, den Fisch zu filetieren, wenn man ihn unter dem Kopf quer einschneidet und dann in Richtung Schwanz das Filet von der Mittelgräte löst.

Das Seehechtfilet in 7,5 cm lange Streifen schneiden und die Schnittflächen mit Salz bestreuen. Köpfe, Gräten und Innereien in einen Topf geben, 1,2 l Wasser und ein spiralig geschnittenes Stück von der Schale einer unbehandelten Orange hinzufügen. Zum Kochen bringen, abschäumen, dann noch 20 Minuten köcheln lassen.

Den Knoblauch mit dem Messerblatt zerdrücken. Das Öl bei großer Hitze in einem Suppentopf heiß werden lassen und den Knoblauch hineingeben. Wenn er Farbe annimmt, entfernen und die Hitze reduzieren. Die Zwiebel darin weich dünsten, dann die heiße Fischbrühe durch ein Sieb dazugießen und alles nochmals zum Kochen bringen.

Die Fischstücke nach und nach hineingeben, ohne daß die Suppe aufhört zu kochen. 15–20 Minuten köcheln lassen, dann den Saft von Orangen (und Zitronen) hinzufügen und das Ganze abschmecken. Mit geviertelten Orangenscheiben garnieren.

SCHAFE IN GALICIEN Eine Schafsherde in der saftig grünen Landschaft Galiciens.

EIER, REIS UND NUDELN

Eier und Reis, die einfachen, köstlichen Hauptnahrungsmittel, sind für die ländlichen Gerichte Spaniens unentbehrlich. Die modernere Nudel hat die traditionelle Küche um eine neue Note bereichert.

Paella Valenciana *(S. 53)*

Eier sind das wichtigste Lebensmittel der ländlichen Bevölkerung. Früher wurde in Spanien vieles an dem Wert eines Eis bemessen – ähnlich wie in Irland. Eiergerichte sind noch heute ein grundlegender Bestandteil der spanischen Küche, und auf der Speisekarte widmet man ihnen eine eigene Rubrik. Es sind bäuerliche Gerichte, die auch kleinste Mengen gut ausnutzen. Das Gemüse wurde ursprünglich morgens frisch im Garten geerntet, und man sammelte die noch warmen Eier der Henne von ihren Verstecken ein.

Reis wird mit ähnlichen Zutaten ergänzt wie Eier. Durch etwas Gemüse, Schweinefleisch oder ein paar Meeresfrüchte gewinnt er an Geschmack. Der Reis gehört zur spanischen Ernährung, seit ihn die Araber im neunten Jahrhundert nach Valencia brachten. Dort wurde er auf Land angebaut, das die Römer bewässert hatten. Im Süden ist Reis ein Grundnahrungsmittel. Man füllt Gemüse damit, ißt ihn als Beilage zu Eintöpfen, und er ist Grundlage vieler Salate. Die Katalanen backen ihn als *arròz passejat*, was soviel heißt wie »gegangener Reis«, denn er wurde früher zum Garen aus dem Haus gebracht und im Ofen des Bäckers gegart. Im Norden Spaniens akzeptierte man Reis jedoch zunächst nur als Milchreis.

Spaniens berühmtestes Reisgericht, die *paella*, läßt sich mit Sicherheit auf Valencia an der Ostküste zurückführen und ist wahrscheinlich erst zweihundert Jahre alt. Sie stammt aus La Huerta – das bedeutet »Gemüsegarten« – in der Nähe des Sees von Albufera im Süden der Stadt. Ursprünglich mag die *paella* eine Fastenspeise gewesen sein, bestehend aus Aalen, Schnecken und Gemüsen wie den *garrafones*, einer regionalen Art der weißen Bohnen. Sie wurde unter freiem Himmel über einem offenen Feuer aus Schnittabfällen der Weinreben gegart. Und auch heute noch ist die *paella* eines der faszinierendsten Gerichte, die man im Freien kocht. Das Safrangelb des Reises ist mit roten, grünen und rosa Farbtupfern und den unterschiedlichst geformten Muscheln durchsetzt. Die *paella* enthält viele kleine Überraschungen, und jede bietet ein anderes Aroma und eine andere Beschaffenheit.

Die *paella* wird traditionell von Männern gekocht – im Freien, wie bei Grillpartys. Dabei teilt man sich bei einer Flasche Wein auf angenehme Weise die Vorbereitungsarbeiten. Für mehrere Gäste ist eine sehr große Pfanne nötig. 40 cm und mehr im Durchmesser. Solche Pfannen benötigen niedrige Hitze, und die Feuerstelle sollte möglichst ebenso groß sein wie der Pfannenboden. Unter freiem Himmel dient hierzu ausgebreitete Holzkohle. Im Haus ist das natürlich nicht ganz so einfach. Ein Hitzeverteiler leistet hier gute Dienste.

Große Mengen *paella* werden häufig auch im Backofen gegart – von dem Zeitpunkt an, an dem die Brühe hinzugefügt und ein letztes Mal gerührt wurde. Dabei geht allerdings ein Reiz der im Freien gekochten *paella* verloren: die *socarrado*, eine goldbraun geröstete Kruste vom Boden der Pfanne.

Nichteingeweihte kennen die *paella* aus Valencia lediglich als Reispfanne mit Hühnerfleisch und Meeresfrüchten. Dabei gibt es so viele regionale Abwandlungen. *Arròz en perdiz*, Reis mit »Rebhuhn« *(perdiz)*, ist ein Fastengericht aus derselben Provinz. Enthalten sind Kichererbsen und Reis. Und der Vogel, der dem Gericht seinen Namen gibt, ist in Wirklichkeit eine ganze Knoblauchknolle, denn in der Fastenzeit ist Fleisch verboten.

Eine *paella* wird so lange gegart, bis der Reis die ganze Flüssigkeit aufgenommen hat und »trocken« wird. In der Umgebung von Valencia gibt es aber auch suppige Reisgerichte, *(arròz caldoso)*. Dies sind oft Eintöpfe mit Fisch und Reis, die durch Gemüse verfeinert werden. An der Küste von Alicante bereichert man das Ganze noch um eine kleine *ñora* (s. GEWÜRZPAPRIKA S. 12).

Paellas können alles aufnehmen, was sich bietet: Es gibt reine Wild-*paellas* und, etwas anspruchsloser, solche mit viel Gemüse. Allerdings werden fast alle Arten mit den verschiedenen Teilen und Produkten vom Schwein angereichert.

Am beliebtesten sind *paellas* mit Meeresfrüchten. Es besteht eine natürliche Beziehung zwischen Fisch und *paella*. Der Schlüssel für eine erfolgreiche *paella* ist eine vorzügliche Brühe. Es ist daher sowohl praktisch als auch geschmacklich passend, hier eine Fischbrühe zu verwenden, zumal bei Fisch viele Abschnitte und Gräten anfallen, für die es außer für eine Brühe keine Verwendung gibt.

Durch die Einführung von Nudeln ist in Spanien eine neue *paella* mit Meeresfrüchten entstanden: die *fideuà*. In dieser *paella* haben Nudeln den traditionellen Reis verdrängt. Nudeln sind mittlerweile überall beliebt. Ein großes Werk in Málaga produziert sie für Süd- und Ostspanien. Die Nudeln werden auf zwei verschiedene Arten zubereitet. *Fideos*, sehr kurze Spaghetti, sind in den verschiedensten Stärken zu haben und wandern in die Suppen. Die Spanier kombinieren aber auch Makkaroni und Käse. Der große Einfluß der italienischen Küchenchefs verbreitete im 19. Jahrhundert Speisen wie Käsesauce und *canelones* in Spanien. Heute sind die Cannelloni ein beliebtes Gericht, das am Sankt-Stefans-Tag (dem Tag nach Weihnachten) gegessen wird. Allerdings sind fertige Cannelloniröhren in Spanien immer noch nicht erhältlich. Man nimmt statt dessen halbe Lasagneblätter, die es abgepackt zu kaufen gibt, gart sie und rollt sie dann selbst auf.

TORTILLA ESPAÑOLA

SPANISCHES KARTOFFELOMELETT

Man sagt, ein Bauer habe die *tortilla* für einen hungrigen König erfunden; und so wird sie seit mindestens vierhundert Jahren auf die gleiche Art zubereitet – ein dicker, feuchter Eierkuchen, der sich völlig vom französischen Omelett unterscheidet. Seit dem 18. Jahrhundert bevorzugt man die *tortillas* mit Kartoffeln, aber sie können eigentlich alles enthalten, was einem schmeckt. Im folgenden Rezept können die Kartoffeln durch 250 g weich und goldgelb gedünstete Zwiebeln oder große Garnelen, oder auch einige Löffel *samfaina* (S. 89) ersetzt werden.

Es gibt nur zwei Regeln: Zum einen sollte die Menge der Zutaten das Volumen der Eier nicht sehr überschreiten; zum anderen sollten die Zugaben nicht tropfen, weder von Sauce noch von Öl. *Tortillas* serviert man heiß, warm oder kalt. Das Rezept ergibt eine Vorspeise für vier Personen oder ein Abendessen für zwei.

FÜR 4 PERSONEN

500 g Kartoffeln, geschält und gewürfelt
6 große Eier
125 ml Olivenöl
Salz
Frisch gemahlener Pfeffer

Nehmen Sie keine zu große Bratpfanne, benötigt wird eine Pfanne mit etwa 23 cm Durchmesser und hohem Rand. So entsteht dann ein kuchendickes Omelett. Reichlich bemessenes Öl sehr heiß werden lassen, die Kartoffeln hineingeben und umrühren, so daß sie sich mit Öl überziehen. Die Hitze reduzieren und die Kartoffeln garen lassen, dabei gelegentlich wenden, damit sie nicht bräunen.

Die Kartoffeln mit einer Schaumkelle in eine mit Küchenkrepp ausgelegte Schüssel geben. Das Öl aus der Pfanne in eine Tasse gießen, die Pfanne mit Küchenkrepp auswischen, falls kleine Krusten oder Reste darin geblieben sind.

Etwa zwei Eßlöffel Öl durch ein Sieb zurück in die Pfanne geben, dann erhitzen. Die Eier schlagen und würzen. Das Papier unter den Kartoffeln herausziehen und die Eier darübergießen, so daß alles gut vermischt ist. Die Mischung in das heiße Öl geben, dabei die Kartoffeln gleichmäßig ausbreiten. 1 Minute bei starker Hitze fest werden lassen, dann die Hitze reduzieren. Die *tortilla* mit einem Spatel von den Rändern lösen. Die Pfanne gelegentlich hin- und herschütteln, damit nichts ansetzt.

Wenn die Oberfläche nicht mehr flüssig ist, das Ganze mit einer Servierplatte bedecken und die *tortilla* darauf stürzen. Weitere zwei Eßlöffel Öl in die Pfanne geben, die *tortilla* wieder hineingeben – mit der gebratenen Seite nach oben – und weitere 2–3 Minuten braten. Die goldgelbe *tortilla* heiß mit Tomatensauce, *samfaina* (S. 89) oder allein servieren.

Manche mögen die *tortilla* lieber kalt, als dickes »Tortenstück« mit einem Salat aus Tomaten und Minze, oder in Würfel geschnitten und als *tapa* am Spieß serviert. Früher war es bei Landarbeitern Brauch, einen mit *tortilla* belegten *bocadillo* als Mittagessen mit aufs Feld zu nehmen. Fertig gegart hält sich die *tortilla* einige Tage und läßt sich in Tomatensauce auch gut wiedererwärmen.

SCHMIEDEEISERNE GITTER In früheren Zeiten schützten solche Gitter wie an diesen Häusern in Andalusien die Tochter des Hauses im Inneren vor den Zudringlichkeiten ihres Verehrers.

PIPERRADA VASCA

BASKISCHES PAPRIKAOMELETT

Die spanische Küche verfügt über ein reiches Repertoire an Saucen mit gehackten Gemüsen. Die hier beschriebene cremige Sauce hat jedoch eine französische Note. Das ist allerdings nicht überraschend, denn die Sauce kommt aus dem Baskenland, das teilweise zu Frankreich gehört. Ihre Beschaffenheit rührt daher, daß die Paprikaschoten vorher geröstet und enthäutet werden, damit sie weich genug sind, in der Eiermasse zu zergehen. Kalt ergibt das Ganze eine sehr leckere Füllung für einen *bocadillo.*

FÜR 4 PERSONEN

500 g grüne oder rote Paprikaschoten
500 g reife Tomaten, enthäutet und entkernt, oder
400 g Tomaten aus der Dose, abgetropft
6 große Eier
4 EL Öl
1 Zwiebel, gehackt
1 Knoblauchzehe, feingehackt
4 Scheiben Räucherschinken oder -speck
Salz
Frisch gemahlener schwarzer Pfeffer

Die Paprikaschoten etwa 20 Minuten grillen und dabei alle 5 Minuten um ein Viertel drehen. Etwas abkühlen lassen und 10 Minuten in einen Frischhaltebeutel geben.

In der Zwischenzeit zwei Eßlöffel Öl in einer Pfanne erhitzen und die Zwiebel darin langsam goldgelb dünsten. Zum Schluß den Knoblauch hinzufügen. Das Tomatenfleisch hacken oder im Mixer grob zerkleinern und in die Pfanne geben. Die Paprikaschoten enthäuten, Stiele und Kerne entfernen und das Fleisch hacken oder in der Küchenmaschine zerkleinern. Ebenfalls in die Pfanne geben. Alles zu einer cremigen Sauce kochen.

Die Eier verquirlen, würzen und über die Gemüse gießen. Umrühren, so daß eine weiche, cremige, orangefarbene Mischung entsteht. Wie ein französisches Omelett ohne Umrühren braten. Schinken oder Speck in zwei Eßlöffeln Öl braten und dazu servieren.

CHORIZERO-PAPRIKA In diesem Dorf in Rioja werden die Paprikaschoten auf einem Kohlengrill geröstet, bevor man die Haut abzieht. An der Wand im Hintergrund hängen leuchtendrote Bündel *chorizero*-Schoten, die der *chorizo (S. 11)* die Farbe, den Geschmack und den Namen geben.

REVUELTO DE ESPÁRRAGOS TRIGUEROS

RÜHREI MIT JUNGEM SPARGEL

»Jeder, der einmal im Frühling den Süden Spaniens besucht hat«, sagt Gerald Brenan in *»South from Granada«* (»Südlich von Granada«), hat den dünnen, bitteren Spargel kennengelernt. Er wird nicht in Gärten angebaut, sondern von großen dornigen Pflanzen geerntet, die an jedem Berghang in Südspanien wachsen, der nicht zu weit vom Meer entfernt ist.« Ich habe ihn selbst nie gepflückt. Allerdings traf ich im April Leute mit Bündeln der *trigueros* unter den Armen, während ich auf der Suche nach Bienen-Orchideen war, die zur selben Jahreszeit wachsen. Seit damals ist beides in meinen Gedanken auf angenehme Weise miteinander verbunden. Bei uns ist nach wie vor der weiße Spargel am begehrtesten, aber allmählich weiß man auch den grünen Spargel zu schätzen.

Revuelto heißt soviel wie »gerührt«, aber »leicht gestockt« beschreibt dieses Eiergericht besser. Die Spanier unterscheiden zwischen Eiern, die während des Garens in der Pfanne gerührt werden und somit recht weich bleiben, und *tortillas*, die fest werden und eine goldgelbe Kruste bekommen (S. 43).

FÜR 4 PERSONEN

350 g dünner grüner Spargel
8 große Eier
2 EL Butter
2 EL Olivenöl
2 EL Milch
Salz
Frisch gemahlener schwarzer Pfeffer

Den Spargel von der Spitze zur Basis hin schälen, dabei Flecken und faserige Stellen entfernen. In einem großen Topf in kochendem Wasser garen (wenn der Spargel sehr lang ist, im Bräter auf dem Herd), bis er fast weich ist. Bei Zuchtspargel dauert dies etwa 15 Minuten. Wilder Spargel dagegen ist hart und bitter, er benötigt 30 Minuten und einen Wasserwechsel.

Den Spargel abtropfen lassen und in 4 cm lange Stücke schneiden, dabei holzige Enden entfernen. Die Butter in zwei Pfannen erhitzen, bis sie schäumt, dann den Spargel in das heiße Fett geben. Die restlichen Zutaten miteinander verquirlen und in die Pfannen geben. Die Eier leicht stocken lassen, dabei mit dem Kochlöffel von außen nach innen umrühren. Servieren Sie dieses angenehm cremige Frühlingsgericht mit knusprigem Brot.

REVUELTO CON SETAS

RÜHREI MIT PILZEN

Je besser die Qualität der Pilze ist, um so weniger Eier werden für dieses Gericht verwendet. In der Pilzsaison nimmt man nur gerade so viele Eier, daß das Ganze ein wenig gebunden ist. Wenn Sie aber statt dessen Zuchtchampignons nehmen, sollte ein Ei mehr hinein. Die Zubereitung gelingt am besten in einer beschichteten Pfanne.

FÜR 2 PERSONEN

250 g Austernpilze oder frische shiitake-*Pilze*
oder Champignons
2 große Eier
2 EL Butter
1 EL Olivenöl
1 Knoblauchzehe, feingehackt
1 EL Milch
Salz
Frisch gemahlener schwarzer Pfeffer
1 EL Petersilie, feingehackt

Butter und Öl in einer Pfanne erhitzen, bis sie schäumt. Knoblauch und in Scheiben geschnittene Pilze hinzufügen und bei mittlerer Hitze weich dünsten. Dabei gelegentlich mit dem Kochlöffel umrühren. Wenn sich dabei Saft bildet, die Hitze erhöhen und den Saft durch Kochen verdunsten lassen.

Die Eier mit Milch, Gewürzen und Petersilie verquirlen und zu den Pilzen in die Pfanne geben. Bei mittlerer Hitze garen. Dabei die Eimasse von außen zur Mitte ziehen, bis sie gerade stockt. Sofort servieren.

HUEVOS A LA FLAMENCA

BUNTE ÜBERBACKENE EIER

Die bunten Tupfen dieses Gerichts erinnern an die leuchtenden Farben der wirbelnden Röcke von Flamenco-Tänzerinnen. Die Wurst kann durch Garnelen oder beliebige weitere Zutaten ersetzt werden.

FÜR 4 PERSONEN

1 große Zwiebel, gehackt
2 Knoblauchzehen, feingehackt
75 ml Olivenöl
100 g chorizo *zum Kochen oder frische würzige Wurst,*
in Scheiben geschnitten,
oder geräucherter Schinken, gewürfelt
2 rote oder grüne Paprikaschoten (350 g), gehackt
350 g reife Tomaten, enthäutet und entkernt,
oder 300 g Tomaten aus der Dose (mit Saft)
100 g Erbsen
100 g grüne Bohnen, in kurze Stücke geschnitten
8 Eier
1–2 EL fino *oder* amontillado *Sherry* (S. 16)
Salz
Cayennepfeffer

Den Backofen auf 180 °C (Gas Stufe 1–2) vorheizen und eine große Kasserolle oder eine Auflaufform anwärmen.

Das Öl in einer Pfanne erhitzen und die Zwiebel darin langsam weich dünsten. Den Knoblauch hinzufügen und alles an den Rand der Pfanne schieben. Dann die Wurst oder den Schinken anbraten, bis sie braun sind, und wieder herausnehmen. Paprika und gehackte Tomaten in die Pfanne geben. Kochen und die Flüssigkeit reduzieren, dabei gelegentlich umrühren. Etwas Sherry zugeben, wenn die Masse zu trocken wird. In der Zwischenzeit Erbsen und Bohnen in Salzwasser garen und hinzufügen.

Die Gemüsemischung in die Kasserolle geben und die Wurst oder den Schinken darüber verteilen. Die Eier mit einer Gabel mischen, ohne sie zu stark zu verrühren. Mit Cayennepfeffer und Salz kräftig würzen. Über die Gemüsemischung geben und im Backofen etwa 10–15 Minuten backen, bis die Eier gerade fest sind.

Rechts: Huevos a la Flamenca

KALKBODEN IN GRANADA *(umseitig)* Die limettengrünen Schattierungen dieser eindrucksvollen, kargen Landschaft Andalusiens künden von dem Kalkboden, der weiter westlich in Jerez die idealen Bedingungen für den Anbau der Sherry-Trauben liefert.

PISTO MANCHEGO CON HUEVOS FRITOS

TOMATENEINTOPF MIT FRITIERTEN EIERN

Diese köstliche Vorspeise stammt aus La Mancha, dem Land des Don Quijote in Zentralspanien. Auch als Abendessen eignet sie sich sehr gut. Im Sommer, wenn es auf den Märkten Zucchini gibt, können Sie diese verwenden. Ab Herbst werden die prächtigen Kürbisse angeboten, die dann ein ausgezeichneter Ersatz für die Zucchini sind. Sie können aber auch statt dessen 250 g grüne Bohnen nehmen. Die Bohnen erfordern zusätzlich drei bis vier Eßlöffel Brühe, denn sie saugen die Flüssigkeit eher auf, als daß sie welche abgeben.

Fritierte Eier werden jeden überraschen, der sie noch nicht gegessen hat. Sie sind herrlich leicht, locker und bekömmlich. Es lohnt sich, gleich die doppelte Menge *pisto* zuzubereiten, wenn Sie Zeit haben; denn *pisto* ergibt eine ausgezeichnete Sauce zu Geflügel oder gebratenem Reis.

FÜR 3–4 PERSONEN

2 grüne Paprikaschoten (etwa 250 g), entkernt und gehackt
500 g reife Tomaten, enthäutet und entkernt, oder 400 g Tomaten aus der Dose (mit Saft)
350 g Zucchini, ungeschält gewürfelt, oder Kürbis, gewürfelt
2 Zwiebeln (etwa 250 g), gehackt
2 Knoblauchzehen, feingehackt
1–2 Eier pro Person
2 EL Öl
Salz
Frisch gemahlener schwarzer Pfeffer
Frisch gemahlener Muskat
Olivenöl zum Fritieren
1–2 EL Petersilie, feingehackt

Das Öl in einer Pfanne oder Kasserolle erhitzen und die Zwiebeln mit dem Speck darin weich dünsten. Zum Schluß den Knoblauch hinzufügen. Paprika dazugeben und 5 Minuten braten. Die Tomaten mit dem Saft und Zucchini oder Kürbis hineingeben und bei niedriger Hitze dünsten, bis alles zu einer dicken Sauce reduziert ist. Dabei gelegentlich umrühren und mit dem Kochlöffel zerdrükken. Mit Zucchini dauert das Einkochen etwa 20 Minuten, mit Kürbis 35 Minuten. Den *pisto* gut würzen. Wenn Sie ihn mit Kürbis zubereiten, können Sie großzügiger mit Muskat würzen.

Dann die Eier fritieren. So viel Olivenöl in einer Kasserolle erhitzen, daß es etwa 1,5 cm hoch steht. Jedes Ei einzeln in eine Tasse aufschlagen, dann in die Mitte des Öls gleiten lassen. Den Topf an einer Seite so anheben, daß man die Eier am anderen Rand in viel Öl fritieren kann. Dabei gleichzeitig das Eiweiß mit einer Schaumkelle um das Eigelb legen. Nach nur 10 Sekunden entsteht ein lockeres fritiertes Ei. Sie können es also fast sofort wieder herausnehmen. Die Eier auf dem *pisto* anrichten und leicht würzen. Das Gericht mit etwas Petersilie garniert servieren.

HUEVOS ESCALFADOS CON ALMEJAS

POCHIERTE EIER MIT VENUSMUSCHELSAUCE

Dieses Rezept stammt ursprünglich vom Orden der Klarissinnen; es zeigt sehr schön, wie aus einem einfachen Essen durch eine neue Zusammenstellung ein herrliches Mahl werden kann. Statt Venusmuscheln können auch Herz- oder Miesmuscheln verwendet werden.

FÜR 4 PERSONEN

1 kg Venusmuscheln, gesäubert
1 Zwiebel, gehackt
4 Eier
4 tostadas *(getoastete oder gebratene Brotscheiben)*
250 ml Fischbrühe
180 ml trockener Weißwein
3 Knoblauchzehen, feingehackt
3 EL Petersilie, gehackt
2 EL Butter
1 EL Mehl
Salz
Frisch gemahlener schwarzer Pfeffer
Essig zum Pochieren

Muscheln waschen und die geöffneten wegwerfen. Brühe und Wein mit der gehackten Zwiebel in einem großen Topf mit Deckel erhitzen. So viele Muscheln hineingeben, daß der Boden bedeckt ist. Den Topf schließen und Muscheln etwa 1 Minute dämpfen. Wenn sie sich geöffnet haben, mit einer Schaumkelle herausheben und in eine große Kasserolle geben. Weitere Muscheln in den Topf geben und ebenso verfahren. Bei kleinen Muscheln so viele Schalenhälften wie möglich entfernen. Den Sud aufbewahren.

Die Butter in einen Kochtopf geben. Sobald sie heiß ist, Knoblauch und Petersilie hinzufügen. Der Knoblauch darf nicht bräunen. Das Mehl in der Brühe anschwitzen. Den Muschelsud nach und nach hineinrühren, sanft köcheln lassen und dann abschmecken. Diese Sauce über die Muscheln geben und alles nochmals 5 Minuten köcheln lassen.

In der Zwischenzeit die Eier pochieren. Jedes Ei einzeln in eine Tasse aufschlagen und eines nach dem anderen in einen großen Topf mit kochendem Wasser und einigen Tropfen Essig geben. Mit einer Schaumkelle das Eiweiß jeweils um das Eigelb legen. Die Eier sind in etwa 4 Minuten gar.

Eine *tostada* in jeden Suppenteller oder jede Suppentasse geben, je ein Ei darauflegen und mit Muscheln und Sauce bedecken. Große Muscheln mit beiden Schalenhälften können um das Ei herum angerichtet werden – wie die Blütenblätter der Seerose. Aber eine Sauce, die viele kleine Muscheln enthält, entspricht eher der Tradition. Beim Essen löst man traditionell das Muschelfleisch mit der Zunge von der Schale und spuckt die Schale dann aus.

WINDMÜHLEN IN LA MANCHA Das kahle, baumlose Tafelland des Don Quijote, gebadet in schimmerndem, mysteriösem Licht, wird nur durch die Windmühlen durchbrochen, die sich die Kraft des beißenden Windes zunutze machen, der über das Plateau fegt.

PAELLA VALENCIANA

REIS MIT HUHN UND MEERESFRÜCHTEN

Mein Rezept für dieses weltberühmte Reisgericht entspricht in etwa dem, das José Ramos, Küchenchef der La Fonda in Marbella, in seinem Garten zubereitet.

FÜR 6–8 PERSONEN

1 kg Huhn mit Innereien oder 3 kleine Hühnerkeulen und eine Hühnerkarkasse
700 g Seeteufel mit Gräten oder 500 g weißes Fischfilet, einige Fischabschnitte und Gräten
250 g große Garnelen in der Schale
500 g Venus- oder Miesmuscheln, gesäubert (S. 96)
250 g kleine Kalmare, gesäubert (S. 95)
500 g spanischer Reis (mittlere Korngröße) oder italienischer Vialone-Reis, gewaschen
500 g Zwiebeln, gehackt
Zarte Schoten von 300 g Erbsen oder 1 Selleriestange, gehackt, und 50 g Zuckererbsenschoten, geputzt und in kurze Stücke geschnitten
400 g Tomaten aus der Dose (mit Saft)
250 g grüne Paprikaschoten, ausgehöhlt und in Quadrate geschnitten
100 g grüne Bohnen, geputzt und in kurze Stücke geschnitten
75 g gekochte Kichererbsen oder Puffbohnen
75 g Erbsen
5 große Knoblauchzehen, feingehackt
Etwa 150 ml Olivenöl
150 ml Weißwein
1 Lorbeerblatt
20 Safranfäden oder 2 Päckchen Safranpulver à 2 g
2 TL Paprikapulver
Salz
Frisch gemahlener schwarzer Pfeffer

Zunächst eine gehaltvolle Brühe zubereiten. Das Fleisch vom Huhn ablösen und in große Stücke schneiden. Die Keulen im Gelenk vom Rumpf trennen und halbieren. Karkasse und Innereien in einen großen Siedtopf geben.

Den Fisch in etwa 5 cm große Stücke schneiden und die Haut entfernen. Für die Garnierung 6 Garnelen ungeschält lassen, die übrigen schälen. Die Schalen und Fischabschnitte und Gräten in den Siedtopf geben. Nun 1 gehackte Zwiebel, die Hälfte der Erbsenschoten (oder den Sellerie und die Zuckererbsenschoten) und das Lorbeerblatt hinzufügen, alles mit Wasser bedecken. 1 Stunde köcheln lassen, dann durch ein Sieb gießen. Den Wein dazugeben und zum Kochen bringen. Reduzieren, bis noch etwa 1,5 l vorhanden sind. In einer Tasse etwas Brühe über den Safran gießen, den Rest im Topf bereithalten.

Die Muscheln vorbereiten. In einem anderen Topf etwas Brühe erhitzen und die Hälfte der Muscheln hineingeben. Herausnehmen, wenn sie sich geöffnet haben. Schalen entfernen. Die Kalmare in Ringe schneiden, die Fangarme als Bündel belassen. Den Tomatensaft in die Hauptbrühe geben, die Tomaten in Streifen schneiden. Von nun an dauert die Zubereitung noch 1 Stunde.

Verwenden Sie eine große *paella*-Pfanne oder eine große Kasserolle. Vier Eßlöffel Öl bei niedriger Hitze darin erwärmen und die restlichen Zwiebeln darin weich dünsten. Das Hühnerfleisch würzen und in die Pfanne geben. Die Hitze erhöhen und die Hühnerteile goldgelb braten. Paprikaschote und restliche Erbsenschoten hinzufügen, etwa 5 Minuten unter Rühren braten und gut würzen.

Etwas Öl dazugeben, dann die Kalmar-Fangarme hineingeben und fest werden lassen. Herausnehmen und zum Garnieren beiseite legen. Die Fischstücke würzen und in die Pfanne geben. (Wenn Sie keine *paella*-Pfanne haben, ist es einfacher, den Fisch in einer separaten Pfanne mit zusätzlichem Öl zu braten.) Auf beiden Seiten braten, dann die Kalmarringe hinzufügen.

Knoblauch in der Hauptpfanne braten, Reis dazugeben und mit dem Öl vermischen. 3–4 Minuten braten und mit Paprikapulver bestreuen. (Wenn der Fisch separat gebraten wurde, kommt er jetzt dazu.) Etwa ein Drittel der heißen Brühe zusammen mit der Safranlösung in die Pfanne geben und Bohnen, Erbsen, geschälte Garnelen und Muschelfleisch hinzufügen. Den Reis ein letztes Mal umrühren, so daß alle Zutaten gleichmäßig in der Pfanne verteilt sind. Dann die ungeschälten Muscheln hineingeben.

Die Tomatenstreifen auf der Oberfläche verteilen und ein weiteres Drittel der heißen Brühe dazugeben. Die Hitze auf ein Minimum reduzieren. Falls die Kochstelle kleiner ist als der Pfannenboden, die Pfanne regelmäßig verschieben. (Eine dünnwandige Pfanne oder eine besonders tiefe sollte jetzt am besten in einen bei 180 °C [Gas Stufe 2–3] vorgeheizten Backofen gestellt werden.)

Die restliche Brühe hinzufügen und alles noch 15–20 Minuten garen lassen. Den Reis probieren. Wenn er gar ist, die Oberfläche mit geschälten Garnelen und den Tentakeln garnieren. Dann zudecken – traditionell geschieht das mit mehreren Lagen Zeitungspapier – und 10 Minuten ziehen lassen, so daß der Reis die restliche Flüssigkeit aufnimmt. In Spanien wird Rotwein zur *paella* serviert. Probieren Sie einmal den Faustino V *reserva.*

OBST- UND GEMÜSEMARKT Alles, was frisch am Ort erhältlich ist, kann kombiniert und für eine *paella* verwendet werden.

PAELLA DE VERDURAS DEL TIEMPO

PAELLA MIT FRÜHLINGSGEMÜSEN

Eine *paella* kann im Wechsel der Jahreszeiten die unterschiedlichsten Zutaten enthalten – Speck, Mangold, Tomaten, weiße oder schwarze Bohnen, weiße Rüben und grundsätzlich etwas vom Schwein. Hier finden Sie ein attraktives Rezept mit jungen Gemüsen.

FÜR 6 PERSONEN

400 g spanischer Reis (mittlere Korngröße) oder italienischer Vialone-Reis, gewaschen
850 ml kräftige Brühe
150 ml trockener Weißwein
200 g Spargel, geputzt und in kurze Stücke geschnitten
1 kleine Zwiebel, gehackt
2 Knoblauchzehen, feingehackt
170 g roher oder gekochter Schinken, feingeschnitten
200 g grüne Bohnen, geputzt und in kurze Stücke geschnitten
2 kleine Zucchini, in dünne Scheiben geschnitten
1 Möhre, gewürfelt
1 Tomate, enthäutet, entkernt und gewürfelt
100 g Zuckererbsen, geputzt und halbiert
4 EL Olivenöl
4 EL Petersilie, gehackt
Salz
Frisch gemahlener schwarzer Pfeffer

Das Öl in einer *paella*-Pfanne oder einer großen Kasserolle erhitzen, Zwiebel und Schinken darin dünsten. Wenn die Zwiebel fast weich ist, den Knoblauch hinzufügen. Nun zwei Eßlöffel Petersilie und den Reis hineingeben und etwa 1 Minute rühren.

Brühe und Wein vermischen und abschmecken. Ist der Geschmack noch zu dünn, das Ganze etwas einkochen lassen und mit Wein wieder zum gewünschten Volumen auffüllen. Ein Drittel dieser Mischung an den Reis geben, zum Kochen bringen und den Spargel hinzufügen. Ab der ersten Zugabe von Brühe benötigt der Reis eine Garzeit von 20–25 Minuten.

Wenn die Brühe eingekocht ist, ein weiteres Drittel dazugießen. Außerdem Bohnen, Zucchini, Möhre und Tomate hineingeben und ein letztes Mal umrühren. Die restliche Brühe und die Zuckererbsen hinzufügen. Wenn der Reis gar ist, die Pfanne zudecken und vom Herd nehmen. 5 Minuten stehenlassen, dann mit der restlichen Petersilie garnieren. Dazu passen sehr gut gebratene Schinkenscheiben.

ARROZ A BANDA

DUFTENDER REIS, GEFOLGT VON FISCH MIT ALIOLI

A banda bedeutet im valencianischen Dialekt so viel wie »getrennt«. Bei diesem Gericht von der Küste bei Alicante wird zuerst der Reis serviert – ohne den Fisch, dessen Geschmack die Brühe angenommen hat. Erst danach folgt der heiße Fisch (selten auch lauwarm oder kalt) zusammen mit einem goldgelben, reichhaltigen *alioli.* In verschiedenen Küstenstädten bevorzugt man für das zweite Gericht unterschiedliche Fischsorten. Beispielsweise ist in Catarroja, im Süden Valencias, die graue Meeräsche sehr beliebt. Ich nehme immer den Kopf eines See-Aals oder Haut und Gräten einer Flunder für die Brühe, rote Meeräsche für die Farbe, einen festen Weißfisch wie den Seeteufel und einen mit zurückhaltenderem Geschmack wie Seehecht. Bitten Sie den Fischhändler, die Fische zu säubern, zu schuppen und auszunehmen. Aber denken Sie daran, die Fischabschnitte für die Brühe mitzunehmen.

FÜR 6 PERSONEN

2,5 kg ganze Fische, 3–4 Sorten (etwa ein Drittel des Gewichts ist Fischfilet, der Rest wird für die Brühe verwendet)
100 g kleine Garnelen (nach Belieben)
12–18 neue Kartoffeln (250–350 g)
2 Zwiebeln, gehackt
2 Knoblauchzehen, feingehackt
200 g Tomaten aus der Dose (mit Saft)
1 grüne Paprikaschote, ausgehöhlt und gehackt
2 Lorbeerblätter
10 schwarze Pfefferkörner, zerdrückt
Petersilienzweige, gehackt
125 ml trockener Weißwein
20 Safranfäden

AROMATISCHER REIS

700 ml Fischbrühe
250 ml trockener Weißwein
400 g spanischer Reis (mittlere Korngröße) oder italienischer Vialone-Reis, gewaschen
4 Knoblauchzehen, feingehackt
10 Safranfäden oder 2 g Safranpulver
3 EL Olivenöl

ALIOLI MIT EIGELB

6 Knoblauchzehen, feingehackt
½ TL Salz
2 Eigelb
200 ml Olivenöl

Zuerst die Brühe zubereiten. Die Fischköpfe und Gräten abspülen und mit Zwiebeln, Knoblauch, Tomaten, grüner Paprika, Lorbeerblättern, zerdrückten Pfefferkörnern und den Petersilienstengeln in einen Sudtopf geben. Mit etwa 1,5 l Wasser bedecken. Zum Kochen bringen und 45 Minuten köcheln lassen, dann die Brühe durch ein Sieb gießen. Zum Garen des Fischs wird etwa 1 l benötigt. Den Safran in eine Tasse geben und etwas Brühe darübergießen.

Den *alioli* zubereiten: Knoblauch mit Salz im Mörser zu einer Paste verarbeiten oder mit dem Messerblatt auf einem harten Brett zerdrücken, dann in eine Schüssel geben. Eigelb hinzufügen und kräftig schlagen. Das Öl tropfenweise dazugeben, wie bei einer Mayonnaise. Es entsteht eine dicke Masse, die mit zwei Eßlöffeln sehr stark eingekochter, kräftiger Fischbrühe verdünnt werden kann.

Den Fisch zubereiten: Die Brühe mit der Safranlösung und 250 ml Wein erhitzen. Dann Kartoffeln und nach Belieben Garnelen hinzufügen. Nun 5 Minuten kochen lassen, dann das Fischfilet dazugeben. Zugedeckt 10 Minuten sanft köcheln lassen.

Den duftenden Reis vorbereiten: zwei Eßlöffel Öl in der *paella*-Pfanne oder einer großen Kasserolle erhitzen. Zuerst den Knoblauch und dann den Reis hineingeben und 3–4 Minuten unter Rühren braten.

Wenn der Fisch gar ist, die Fischfilets, die Kartoffeln und die Garnelen herausheben und in eine große Schüssel geben. Mit Alufolie zudecken. Die Fischbrühe (1 l sollte es sein) durch ein Sieb gießen und 150 ml in einem Kochtopf zum Wiedererwärmen des Fisches beiseite stellen. Die Hälfte der restlichen Brühe zum Reis geben und umrühren. Nach 10 Minuten die andere Hälfte der Brühe dazugießen und weitere 10–12 Minuten garen lassen. Die Flüssigkeit sollte völlig eingekocht sein. Wenn der Reis gar ist, den Herd abschalten und den Reis 10 Minuten zugedeckt stehenlassen. Den Reis so servieren, wie er ist – allenfalls mit einigen Garnelen aus der Suppe garnieren.

Die beiseite gestellte Brühe mit 125 ml Weißwein zum Kochen bringen und über die Fischfilets, Kartoffeln und Garnelen geben. 10 Minuten in den auf 180 °C (Gas Stufe 3–4) vorgeheizten Backofen stellen, dann mit etwas gehackter Petersilie garnieren. Mit dem *alioli* als zweiten Gang servieren.

Der Reis mit seinem feinen Aroma, von dem keine Beilage ablenkt, verträgt einen guten *manzanilla* Sherry oder einen kostbaren *almacenista* (S. 16). Reichen Sie dazu ein Glas kaltes Wasser.

Danach sollte ein erfrischendes Getränk zum Fisch gereicht werden, zum Beispiel ein fruchtiger weißer Rioja Navajas *blanco crianza*.

VERKAUF VON KNOBLAUCH UND ZWIEBELN Ein improvisierter Hut bietet zusätzlichen Schutz vor der Sonne.

ARROZ CON COSTRA AL ESTILA DE ELCHE

REIS MIT KNUSPRIGER EIERKRUSTE

Diese *paella* wird im Ofen gebacken und erhält so an der Oberfläche eine goldbraune Kruste. Sie wird dann aufgebrochen, um den Duft von Reis und all dem versteckten Fleisch freizugeben – den »versteckten Schätzen«, wie man in Spanien sagt.

Dieses Gericht eignet sich vorzüglich für das Ende der Weihnachtsfeiertage, denn hier können vielerlei Suppen, Saucen und übriggebliebenes Fleisch verwendet werden. Im Rezept wird frisches Fleisch angegeben, damit Sie die Mengenverhältnisse einschätzen können.

FÜR 4–5 PERSONEN

500 g spanischer Reis (mittlere Korngröße) oder italienischer Vialone-Reis, gewaschen
1 Zwiebel, gehackt
2 Knoblauchzehen, feingehackt
250 g reife Tomaten, enthäutet und entkernt, oder 200 g Tomaten aus der Dose (mit Saft)
150 g getrocknete Kichererbsen, 1 Stunde in kochendem Wasser eingeweicht (S. 13)
6 große Eier
1,5–2,5 l Brühe
2 g Safranpulver
1 kleine getrocknete Chilischote, entkernt und gehackt
Salz
Frisch gemahlener schwarzer Pfeffer
50 ml Olivenöl

»VERSTECKTE SCHÄTZE«

½ Huhn oder 3 Hühnerkeulen
100 g geräucherter oder gekochter Schinken (im Stück)
200 g chorizo *zum Kochen,* morcilla *oder Blutwurst oder andere frische würzige Wurst*
250 g mageres Hackfleisch vom Kalb oder Schwein
250 g mageres Schweinefleisch, gewürfelt
2 große Prisen gemahlener Kreuzkümmel
¼ TL gemahlener Zimt
1 verquirltes Ei und Mehl, zum Panieren

Die Kichererbsen abgießen und großzügig mit Brühe oder Wasser bedecken. Zum Kochen bringen und 30 Minuten köcheln lassen. Wenn sie anfangen, weich zu werden, mit der Zubereitung der »versteckten Schätze« beginnen. Huhn, Schinken und Wurst zusammen mit der Chilischote zu den Kichererbsen geben und weitere 30 Minuten köcheln lassen. Dann sollten die Kichererbsen gar sein. Das Fleisch herausnehmen, etwas abkühlen lassen und in mundgerechte Stücke schneiden, dabei Knochen und Häute entfernen.

In der Zwischenzeit das Hackfleisch mit Salz, Kreuzkümmel und Zimt würzen und zu murmelgroßen Bällchen rollen. Die Fleischbällchen leicht mit verquirltem Ei überziehen, dann auf einen Teller mit Mehl legen und diesen hin- und herschütteln, bis die Fleischbällchen von dem Mehl umhüllt sind.

In einer großen Kasserolle (etwa 4 l Fassungsvermögen) das Öl erhitzen und bei starker Hitze die Fleischbällchen darin braten. Die Kasserolle häufig rütteln, damit die Fleischbällchen rundum bräunen und knusprig werden, dann herausnehmen. Die Schweinefleischwürfel würzen und braten, bis sie gut gebräunt sind. Mit den Fleischbällchen beiseite stellen.

Nun die Geschmackszutaten für den Reis vorbereiten. Gehackte Zwiebel in der Kasserolle weich dünsten und den Knoblauch hinzufügen. Danach die gehackten Tomaten dazugeben, würzen und alles zu einer Sauce einkochen lassen. Bis zu diesem Punkt können alle Zutaten im voraus zubereitet werden.

Den Backofen auf 170 °C (Gas Stufe 2) vorheizen. Den Reis in die heiße Tomatensauce geben und 1–2 Minuten rühren. Die Kichererbsen abgießen, die Kochflüssigkeit mit Brühe auf 1,5 l auffüllen und zum Kochen bringen. Dann das Safranpulver zugeben und abschmecken. Jetzt etwas Weißwein dazugeben und die Brühe weiter einkochen lassen. Mit Paprika und sogar einem Brühwürfel würzen, falls sie noch schal schmeckt. Denn hier wird der Geschmack bestimmt, den der Reis annehmen soll.

Die Brühe zur Reis-Tomaten-Mischung geben, und das Ganze langsam zum Kochen bringen. 10 Minuten kochen lassen, dabei gelegentlich umrühren. Kichererbsen und das vorbereitete Fleisch dazugeben und gleichmäßig in der Kasserolle verteilen. Wieder zum Kochen bringen. Die Kasserolle in den Ofen stellen und weitere 15 Minuten garen lassen.

Die Eier mit etwas Salz und einem Eßlöffel Wasser verquirlen. Über den Reis geben, so daß die Oberfläche ganz bedeckt ist. Den Backofen auf größte Hitze bringen und die Kasserolle nochmals 10 Minuten hineinstellen. Das Gericht dann bei abgeschaltetem Ofen und geöffneter Tür vor dem Servieren etwa 10 Minuten ruhen lassen. Da das Reisgericht schon eine Mischung so vieler verschiedener Aromen bietet, sollten Sie einen einfachen roten Rioja dazu trinken.

HÄUSERFASSADE Das immer wieder andere Grün der Weidenrollos paßt zu dem vielfältigen und betriebsamen Leben, das sich dahinter abspielt.

ARROZ CON JEREZ

REIS MIT SHERRY

Ein vollmundiger, mitteltrockener Sherry verleiht diesem Reis eine faszinierende südliche Note. Reis mit Sherry ist eine ideale Beilage zu Schweinebraten oder Schweinsfilet, zubereitet mit etwas Knoblauch und einem reichlichen Glas vom gleichen Sherry.

Für eine andere köstliche Beilage wird der Reis nur mit Brühe zubereitet, und zum Schluß kommen je zwei Eßlöffel geröstete Pinienkerne und gehackte Mandeln hinein.

FÜR 4 PERSONEN

400 g spanischer Reis (mittlere Korngröße) oder italienischer Vialone-Reis, gewaschen
230 ml amontillado *Sherry*
2 EL Olivenöl
1 Zwiebel, gehackt
2 Knoblauchzehen, feingehackt
1 l kräftige Hühnerbrühe, erhitzt
Salz
Frisch gemahlener schwarzer Pfeffer
Cayennepfeffer

Das Öl in einer *paella*-Pfanne oder einer großen Kasserolle erhitzen. Die Zwiebel darin dünsten, bis sie weich und goldgelb ist, zum Schluß den Knoblauch hinzufügen. Dann den Reis dazugeben und etwa 1 Minute rühren. Den Sherry bis auf einen kleinen Rest darübergeben und stark kochen lassen.

Die Brühe mit Salz, Pfeffer und Cayennepfeffer sehr herzhaft abschmecken, an den Reis geben und diesen zum Kochen bringen. Die Hitze reduzieren. Nun 20 Minuten ohne zu rühren garen. Den Herd ausschalten, den restlichen Sherry über den Reis träufeln und die Kasserolle mit einem Deckel verschließen. Den Reis noch 10 Minuten sanft dämpfen, so daß er auch die letzten Tropfen Flüssigkeit aufnimmt.

FIDEUÀ DE MARISCOS

NUDELN MIT MEERESFRÜCHTEN

Allmählich haben Nudeln in diesem Gericht von der Costa Brava den Reis verdrängt. Es wird mit Fisch und Meeresfrüchten in einer *paella*-Pfanne zubereitet. Wenn man Meeresfrüchte mit Reis kombiniert, erhält man eine *paella de mariscos.* Sie können für solche Gerichte alle Meeresfrüchte verwenden, die gerade bei Ihrem Händler erhältlich sind.

Diese *fideuà de mariscos* ist die bei weitem einfachste – und billigste – aller großen Speisen mit Meeresfrüchten. Für eine Party kann die Menge noch drei- bis viermal erhöht werden, weil die Zubereitung auch in einem tieferen Topf erfolgen kann – ganz anders als bei einer *paella.*

Die traditionellen Nudeln aus Katalonien sind die *fideos,* nur etwa 2,5 cm lang und so dünn wie feine Spaghetti. Ich nehme allerdings immer Nudeln, die eine Garzeit von 8–10 Minuten haben; denn das ist die Zeit, die die Meeresfrüchte benötigen, damit sich die Aromen in der Brühe entfalten und die Nudeln durchdringen.

FÜR 4 PERSONEN

4 langostinos *(Kaisergranat) oder Riesengarnelen*
100 g Garnelen, geschält, oder 250 g ungeschälte Tiefseekrabben
300 g Filets vom Seehecht, gewürfelt
180 g kleine Kalmare, geputzt und in Ringe geschnitten (S. 95)
250 g Venusmuscheln oder andere kleine Muscheln, gesäubert (S: 96)
400 g feine Spaghetti, in kurze Stücke zerbrochen
1 Zwiebel, feingehackt
2 Knoblauchzehen, feingehackt
100 g reife Tomaten, enthäutet und entkernt
750 ml kräftige Fischbrühe (S. 16)
250 ml trockener Weißwein
2 EL Olivenöl
Cayennepfeffer oder ½ getrocknete Chilischote, entkernt
1 Lorbeerblatt
Zitronenspalten zum Garnieren (nach Belieben)

Das Öl in einer großen Kasserolle erhitzen und die Zwiebel darin vorsichtig weich dünsten, zum Schluß den Knoblauch hinzufügen. Die Tomaten mit dem Cayennepfeffer (oder der Chilischote) und dem Lorbeerblatt dazugeben, gelegentlich rühren, bis alles weich und der Saft eingekocht ist.

Brühe und Wein dazugeben und zum Kochen bringen. Nudeln, Seehecht und *langostinos* hinzufügen und 5 Minuten garen. Kalmare, Muscheln und Garnelen hineingeben und weitere 5 Minuten köcheln lassen, bis die Nudeln gar sind und die Flüssigkeit eingekocht ist. Zum Schluß können Sie *alioli* (S. 54) unterrühren oder als Beigabe dazu reichen.

Die vollmundigen, butterig schmeckenden Chardonnay-Trauben gehören zu einer neuen Art der Weinherstellung in Katalonien. Daraus entsteht ein Weißwein, der neben der Vielzahl der Geschmacksrichtungen in diesem Gericht bestehen kann. Suchen Sie einen Raimat Chardonnay aus Lérida oder den leicht nach Ananas schmeckenden Torres Gran Viña Sol dazu aus, der zur Hälfte aus Chardonnay-Trauben gewonnen wird.

CANELONES CON LANGOSTINOS

GEBRATENE CANNELLONI MIT GARNELEN

Cannelloni sind ein beliebter Bestandteil der spanischen Küche. Man ißt sie überall im Land mit den unterschiedlichsten Füllungen. Diese ungewöhnlichen Cannelloni von der Costa Brava sind außen knusprig, und das schmelzend cremige Innere schmeckt herzhaft nach Meer. Sie bestehen fast ausschließlich aus köstlichen großen Garnelen, die von ein wenig Soße und den Cannelloni zusammengehalten werden. Das Ganze wird dann fritiert.

Dieses Gericht kann fast vollständig im voraus zubereitet werden. Es kann als warme Vorspeise gegessen werden, eignet sich aber auch sehr gut als Nachtessen für zwei oder drei Personen.

FÜR 4 PERSONEN

8 Cannelloni (plus ein paar in Reserve,
falls einige beim Kochen zerfallen)
700 g Garnelen, ungeschält, oder 250 g Garnelen, geschält
50 ml trockener Martini (oder etwas
Hühnerbrühe [Instant], Paprikapulver und Muskat)
1 Lorbeerblatt
200 ml Milch
2 EL Mehl
2 EL Butter, zerlassen
1 großes Ei
Salz
Frisch gemahlener Pfeffer

BIERTEIG

1 großes Ei
2 EL Butter
100 g Mehl
125–150 ml helles Bier
Frisch gemahlener Muskat
Olivenöl zum Fritieren

Falls Sie ungeschälte Garnelen gekauft haben, diese schälen und die Schalen mit dem Martini und dem Lorbeerblatt in einen Topf geben. Mit Wasser knapp bedecken und 30 Minuten sehr sanft köcheln lassen. Die Brühe durch ein Sieb gießen und wieder in den Topf geben. Zum Kochen bringen und auf vier Eßlöffel reduzieren. Mit Milch auf knapp 200 ml auffüllen und erwärmen. Wenn Sie bereits geschälte Garnelen verwenden, die größere Menge Milch mit der Instantbrühe erwärmen und vorsichtig mit etwas Paprika und Muskat würzen.

Die Butter in einem kleinen Topf zerlassen, das Mehl hineinrühren und 1 Minute anschwitzen, dann die Milch unterrühren. Langsam unter Rühren zum Kochen bringen und etwa 1 Minute kochen lassen. Vom Herd nehmen, das Ei unterrühren, die Sauce abschmecken und kalt werden lassen.

In einem kleinen Topf Wasser zum Kochen bringen und acht Cannelloni hineingeben (und zwei bis drei zusätzliche, falls italienische vorgegarte Cannelloni verwendet werden, denn diese zerfallen häufig). 8 Minuten kochen lassen, dabei den Topf gelegentlich rütteln, damit nichts zusammenklebt. Sorgfältig abgießen.

Die geschälten Garnelen grob hacken und unter gerade soviel weiße Sauce rühren, daß die Garnelen aneinander haften. Acht Cannelloni damit füllen und völlig kalt werden lassen.

Etwa 15 Minuten vor dem Servieren den Bierteig herstellen. Ei und zerlassene Butter in das Mehl schlagen. Nach und nach das Bier unterrühren, so daß ein glatter Teig entsteht. Mit Muskat, Pfeffer und Salz würzen. Das Öl (mindestens 4 cm hoch) in einer großen Kasserolle erhitzen. Die gefüllten Cannelloni nacheinander in den Teig tauchen und in das Öl gleiten lassen, dabei jeweils 10 Sekunden zwischen zwei Röhren verstreichen lassen; denn sie sind kalt, und das Öl muß sich erst wieder aufheizen. Jeweils vier Cannelloni nebeneinander im Öl braten und vorsichtig mit einem gelochten Spatel wenden. Wenn sie rundum goldgelb sind, die Cannelloni in der ursprünglichen Reihenfolge herausheben und auf Küchenkrepp abtropfen lassen. Die zweite Portion fritieren und alles sofort servieren. Ein delikater junger Wein, wie der örtliche leicht spritzige Marqués de Alella, harmoniert wunderbar mit den Nudeln.

GEMÜSE UND SALATE

Die sonnendurchfluteten Farben und die ganze Pracht Spaniens spiegeln sich in den Gemüsen und Salaten.

Ensalada de Naranjas Valencianas *(S. 74)*, Tomates Rellenos a la Alicantina *(S. 71)*.

Die Natürlichkeit der spanischen Küche zeigt sich am deutlichsten bei den Gemüsen, die ganz frisch auf den Tisch kommen. Man denke an den beliebten *ensalada mixta*, mit seinen großen Stücken sonnengereifter Tomaten, dem frisch geernteten Kopfsalat, den scharfen, saftigen Zwiebelringen und eingestreuten Oliven. Das Anmachen bleibt jedem selbst überlassen – einfach und köstlich.

Die Farben der Gemüse, ihre Frische und üppige Größe machen einen Einkauf auf dem Markt in Spanien zu einem besonderen Vergnügen. Große Bündel Mangold mit ihren glänzenden dunklen Blättern und den perlweißen Stielen, Berge leuchtendroter Paprikaschoten, Kisten voller Salat, ganze Ballen Lorbeerblätter – alles wird in überreichlichen Mengen, aber zu kleinen Preisen angeboten.

Alle Gemüsearten werden hoch geschätzt; sie spielen bei Tisch keine Nebenrolle, sondern werden als zusätzliche Speise auf einem separaten Teller serviert. Diese Wertschätzung spiegelt sich im Wortschatz wider: Im Spanischen gibt es mehr als 14 Bezeichnungen für die verschiedenen Bohnensorten. Es gibt auch zwei Begriffe für Süßkartoffeln, je nach der Farbe ihres Fleisches. Und Kohl wird entsprechend der Form und der Farbe *col, berza, repollo* oder *lombarda* genannt. Außerdem existieren unzählige regionale Ausdrücke, die daraufhinweisen, daß gerade in dieser oder jener Gegend Spaniens die besten Erbsen, Artischocken oder Bohnen wachsen.

Das Angebot an Gemüsen ist zwar saisonabhängig und regional beschränkt, aber es können Raritäten dazugehören, die es anderswo überhaupt nicht gibt. Ein Beispiel ist der *cardo* (S. 11), ein Verwandter der Artischocke (S. 10), der am Heiligen Abend gegessen wird. Außerdem gibt es die wilden Gemüse wie Frühlingsspargel und Palmherzen; letztere schneidet man an Ostern aus den Palmen heraus. Dicke Kapern *(alcaparras)* wachsen auf den Bergen hinter der südlichen und östlichen Küste. Sie passen wunderbar zu gebratenem Fisch, wie *mero* (brauner Zackenbarsch) und Haifisch.

Gemüseeintöpfe enthalten häufig Kichererbsen (S. 13). Die *garbanzos* wurden von den Kathargern nach Spanien gebracht. Der römische Schriftsteller Plautus machte sich über die Kichererbsen essenden Spanier ebenso lustig wie Shakespeare über die Waliser wegen ihrer Käsetoasts *(welsh rarebit)*. Man sagt von diesen eigenartigen getrockneten Erbsen, sie seien geformt »wie die Nase einer Witwe und der Rücken eines Schneiders«. Sie sind in Spanien ein Volksnahrungsmittel.

Das »Fleisch Spaniens« aber ist die Olive. Wenn man vom wunderschönen Giralda, dem Glockenturm der Kathedrale in Sevilla herabschaut, erblickt man ein Meer von Olivenbäumen im Tal des Guadalquivir so weit das Auge reicht. Die Araber hatten die Olivenbäume zwar nicht nach Spanien gebracht, aber sie haben ihren vermehrten Anbau gefördert und die Vorliebe für Olivenöl angeregt. Heute ist Olivenöl eine der Hauptzutaten der spanischen Küche.

Fast tausend Jahre regierten die Mauren zumindest einen Teil Spaniens. »Ein Land, das zwischen Europa und Afrika schwankt, zwischen Hut und Turban«, formulierte Richard Ford 1846 in *»Gatherings from Spain«* (»Fundstücke aus Spanien«). Die Mauren brachten viele landwirtschaftliche Erneuerungen in das Land; sie führten den Reis ein und bewässerten den Süden, um dort Zitrusfrüchte und Mandeln zu pflanzen. Damals wurde das Bewässerungssystem angelegt, das heute dem Anbau grüner Bohnen und der Minze, der Melonen, Tomaten und des Knoblauchs zugute kommt.

Die Mauren brachten auch neue Gemüse, wie die Auberginen, aus dem Morgenland mit. Und in der Küche ist ihr Vermächtnis überdeutlich an den vielen Wörtern mit der Vorsilbe *al* zu erkennen: *almuerzo* (zweites Frühstück), *albóndiguillas* (Fleischbällchen), *almíbar* (Sirup) und *almirez* (Mörser), um nur ein paar zu nennen. Mörser und Stößel sind inzwischen ein unersetzliches Küchengerät bei der Zubereitung von Suppen und Saucen, beim Zerdrücken von Mandeln, Knoblauch und geröstetem Brot. Gerald Brenan nannte das Geräusch des Mörsers »den fröhlichen Auftakt zu einem andalusischen Mahl.« Mit ihrem Einfallsreichtum beim Würzen und Zusammenstellen der unterschiedlichsten Zutaten, ihrer Vorliebe für Safran, Kreuzkümmel und Zimt und ihrem sicheren Umgang mit Süßem und Pikantem machten die Mauren Spanien zum europäischen Zentrum der kultivierten Küche.

Die zweite große Welle der Veränderungen in der spanischen Küche brachte die Einfuhr neuer Gemüse aus Amerika. John Gerrards *»Herbal«* (»Kräuterbuch«) aus dem Jahr 1597 erwähnt mit Erstaunen die spanischen Tomaten. Zusammen mit ihnen kamen Gemüse- und Gewürzpaprika ins Land, die man zunächst nur als aromatische Beigabe für Tomaten verwendete. Heute wählen spanische Köche ganz gezielt unter den verschiedenen Paprikasorten die richtige für jede Speise aus.

Auch die Kartoffel fand ihre erste europäische Heimat in Spanien. Sie ist bereits in den Haushaltsbüchern der Nonnen von Sevilla aus dem Jahr 1576 aufgeführt. Und die vielen Sorten von getrockneten Bohnen (S. 10) sind inzwischen fester Bestandteil der Speisekarten in allen spanischen Regionen. Die neuen Gemüsesorten aus Amerika veränderten die spanische Kost tiefgreifend, und auch im übrigen Europa wandelte sich die Gemüseauswahl grundlegend.

COLIFLOR AL ESTILO DE BADAJOZ

FRITIERTE BLUMENKOHLRÖSCHEN

Das Essen in den ärmeren Regionen, wie Estremadura, ist häufig schlicht und doch überraschend schmackhaft. Dieses Rezept eignet sich sehr gut zur Verwendung von Blumenkohlresten.

FÜR 4 PERSONEN

1 großer Kopf Blumenkohl
1 Knoblauchzehe, feingehackt
2 EL Petersilie, feingehackt
2 große Eier, verquirlt
½ TL Salz
Frisch gemahlener schwarzer Pfeffer
6 EL Weinessig
Mehl zum Panieren
Olivenöl zum Fritieren

Den Blumenkohl in Röschen zerteilen, dabei die Stiele kürzen, dickere spalten. Nun 5 Minuten in reichlich kochendem Salzwasser blanchieren, dann gut abtropfen lassen und in eine große Schüssel geben.

Mit dem Messerblatt oder im Mörser den Knoblauch und das Salz zu einer Paste zerdrücken. Den Essig hineinrühren und die Mischung dann über den Blumenkohl geben. Mit Pfeffer und Petersilie bestreuen und 30 Minuten stehenlassen. Dabei den Blumenkohl einmal wenden.

Die Röschen auf einen Teller mit Mehl geben, darin wenden und anschließend in verquirltes Ei tauchen. In heißem Öl goldbraun fritieren. Dabei wenden, damit der Blumenkohl rundum bräunt. Übriggebliebene Petersilie aus der Marinadenschüssel darüberstreuen oder eine Tomatensauce dazu reichen und servieren.

PIMIENTOS CON NATA

GEGRILLTE PAPRIKASCHOTEN MIT SAHNE

Die Provinz Aragonien ist für ihre ausgezeichneten Paprikaschoten, die langen, spitzen, scharfen *pimientos de piquillo* bekannt. Sie sind nicht immer leicht erhältlich, es können ersatzweise die glockenförmigen Gemüsepaprika verwendet werden. Dieses Gericht besteht aus wenigen, einfachen Zutaten und ist schnell zubereitet, aber das Resultat ist eine raffinierte Speise. Sie stammt aus Sos del Rey Catôlico am Rand der Pyrenäen. Diese Stadt wurde berühmt als Geburtsort Ferdinand II. von Aragónien. Er hatte 1469 Isabella I. von Kastilien geheiratet und damit die Voraussetzung für den spanischen Nationalstaat geschaffen.

FÜR 6 PERSONEN

6 rote Paprikaschoten
175 ml Schlagsahne
Zucker
Salz

Die Paprikaschoten im Backofen etwa 20 Minuten grillen, dabei alle 5 Minuten um ein Viertel drehen, bis sie rundum geröstet sind. Aus dem Backofen nehmen, etwas abkühlen lassen und 10 Minuten in einen Frischhaltebeutel geben, dann die Haut abziehen und die Stiele entfernen. Dabei auf einem Teller arbeiten, damit der Saft aufgefangen wird.

Bei jeder Paprikaschote »Boden« und »Deckel« abschneiden und die Kerne entfernen. Die Abschnitte mit dem Saft im Mixer pürieren.

Die Paprikaschoten auf einer Servierplatte oder auf Portionstellern anrichten und bei niedriger Hitze im Backofen wiedererwärmen. Die Sahne erhitzen, das Püree zusammen mit je einer Prise Zucker und Salz hineinrühren, über die Paprikaschoten geben und sofort servieren.

CALÇOTS AMB ROMESCO

GEGRILLTE FRÜHLINGSZWIEBELN MIT ROMESCO-SAUCE

In Valls bei Tarragona wird mit Ankunft des Frühlings und der ersten wärmeren Tage des Jahres *la calçotada* gefeiert. Es ist das Fest anläßlich der Ernte der besonders saftigen Frühlingszwiebeln.

Ob gegrillt zu Schwertfisch, der mit etwas Sherry-Essig angerichtet ist, oder mit Forelle unter dem Grill gegart – diese Zwiebeln harmonieren wunderbar mit Fisch. In der Saison serviert man sie allerdings als separates Gericht mit der traditionellen *romesco*-Sauce. Dazu werden Servietten gereicht, denn das Entfernen der schwarzen Außenseite kann eine recht mühsame und schmutzige Angelegenheit sein.

FÜR 4 PERSONEN

12–16 große Frühlingszwiebeln, etwa 2,5 cm dick
1 EL Butter, zerlassen
1 EL Olivenöl
romesco-*Sauce (S. 88)*

Das grüne Laub abschneiden und die Zwiebeln mit einer Mischung aus Butter und Öl bestreichen. Über Holzkohle oder im Backofen etwa 15 Minuten grillen, bis sie von außen schwarz sind, dabei einmal wenden. Jeder schält seine Frühlingszwiebeln selbst, also reichlich Servietten bereithalten. Mit scharfer *romesco*-Sauce servieren.

BERGBAUERN Die vielfältigen Varianten des spanischen Klimas und der Landschaft, die sowohl karge, wasserarme Ebenen als auch üppig grüne Hügel einschließt, sind ein wesentlicher Grund für Spaniens außerordentlich vielseitige Küche.

ACELGAS CON PASAS Y PIÑONES

MANGOLD MIT ROSINEN UND PINIENKERNEN

Dieses Gericht stammt ursprünglich von der Mittelmeerküste; inzwischen schätzt man es im ganzen Land. Es wird mit Mangold- oder Spinatblättern zubereitet, je nachdem, was gerade erhältlich ist. Es gibt ein altes Rezept aus Málaga, für das nur die weißen Mangoldstiele verwendet werden. Man schneidet sie auf 5 cm Länge, bereitet sie auf dieselbe Weise zu wie den Mangold in diesem Rezept und richtet sie mit den dicken Rosinen aus Málaga an.

FÜR 4 PERSONEN

1 kg frischer Spinat oder Mangold (falls die Stiele sehr dick sind, eine größere Menge Mangold)
4 TL Rosinen (kernlose Muskateller sind die besten)
3 EL Pinienkerne
2 EL Olivenöl
1 Zwiebel, feingehackt
1 Knoblauchzehe, feingehackt
Salz
Frisch gemahlener schwarzer Pfeffer
4 tostadas *(getoastete oder gebratene Brotscheiben)*

Die Rosinen in kochendem Wasser einweichen, damit sie quellen. Dann den Spinat oder Mangold waschen und die Stiele entfernen. Den Spinat nur mit dem Wasser, das an den Blättern haftet, in einem geschlossenen Topf etwa 10 Minuten dünsten. Dabei gelegentlich das Unterste zuoberst wenden. Mangold ist zäher – in kochendem Wasser 15 Minuten garen. Abtropfen lassen und hacken.

Das Öl erhitzen und die Pinienkerne darin unter Rühren rösten. Ständig umrühren, bis sie goldgelb sind. Herausnehmen, die Zwiebel hineingeben, goldgelb dünsten und den Knoblauch hinzufügen.

Den gehackten Spinat oder Mangold, die abgetropften Rosinen und die Pinienkerne hinzufügen. Das Ganze würzen und durch und durch heiß werden lassen. Mit den *tostadas* servieren.

ROVELLONS AL AJILLO

WILDPILZE MIT KNOBLAUCH

Im September sind die Basken und die Katalanen begeisterte Pilzsammler. *Rovellon* (Echter Reizker) ist der katalanische Name für Spaniens beliebtesten Pilz, in Kastilien heißt er *níscalo.* Seine Kappe ist trichterförmig mit leuchtend gelben Lamellen. Der echte *rovellon* »blutet«, wenn er angeschnitten wird – orangeroter Saft tritt aus der Anschnittstelle, die aussieht wie eine blutende Wunde.

Die Spanier rechnen 250 g Pilze pro Person. Aber wenn Sie Wildpilze wie die Pfifferlinge finden, genügen etwa 180 g für zwei Personen. Wildwachsende Pilze sollte man nicht übergaren oder zu fein zerkleinern, sondern schonend behandeln, damit sie ihren natürlichen Waldgeruch verströmen können. Von den Zuchtpilzen sind braune Pilze der beste Ersatz.

Als etwas altmodische Vorspeise serviert man das folgende Gericht für vier Personen mit oder auf gebratenem Brot. Für zwei Personen ergibt es ein köstliches Abendessen. Dazu paßt ein gekühlter *palo cortado,* ein halbtrockener Sherry, dessen Süße zwischen dem *amontillado* und dem *oloroso* liegt.

FÜR 2 PERSONEN

250 g Wild- oder braune Zuchtpilze,
in Scheiben geschnitten
1 EL Butter
1 EL Olivenöl
1 kleine Knoblauchzehe, feingehackt
Salz
Frisch gemahlener schwarzer Pfeffer
1 EL Petersilie, feingehackt

Butter und Öl in einer Pfanne erhitzen, den gehackten Knoblauch und die Pilze hinzufügen. Bei großer Hitze schnell braten, dabei mit dem Spatel gelegentlich wenden. Die Pilze sind sehr fleischig und ziehen in der Pfanne weder Saft, noch verlieren sie ihre Form. Zum Schluß salzen und pfeffern und mit Petersilie bestreut servieren.

HABAS RONDEÑAS

PUFFBOHNEN MIT SCHINKEN AUS RONDA

Das andalusische Ronda ist in ganz Spanien berühmt als die Stadt, in der Francisco Romero im 18. Jahrhundert die Regeln des Stierkampfs festlegte. Und für die Kampfstiere ist das Beste gerade gut genug. Sie werden vor der Veranstaltung mit Puffbohnen gefüttert. Diese Bohnen passen wunderbar zu *jamón serrano* (S. 12).

FÜR 6 PERSONEN

1 kg Puffbohnen (aus der Dose), abgetropft
175 g geräucherter Schinken oder Speck
4 EL Olivenöl
175 g milde spanische Zwiebeln, gehackt
1 Knoblauchzehe, feingehackt
4 große Eier
Salz
Frisch gemahlener schwarzer Pfeffer
1 Bund Petersilie, gehackt

Den Schinken würfeln (oder den Speck in Streifen schneiden). Das Öl in einer Kasserolle erhitzen, Zwiebel und Schinken (oder Speck) hineingeben. Sanft dünsten, bis der Speck sein Fett abgegeben hat und die Zwiebel weich ist. Zum Schluß den Knoblauch dazugeben.

Die Bohnen hineingeben, die Kasserolle zudecken und bei niedriger Hitze etwa 10 Minuten dünsten, bis sie weich sind. Dabei gelegentlich umrühren.

In der Zwischenzeit die Eier in 10 Minuten hart kochen, dann schälen und hacken. Die Bohnen würzen, die gehackten Eier hinzufügen und alles erhitzen. Am Schluß die Petersilie unterrühren. Im Sommer, wenn Petersilie im Süden Spaniens fast nicht zu bekommen ist, nimmt man dort statt dessen gewürfelte rote Paprika oder Tomate zum Garnieren.

WEINANBAU IN LA MANCHA Weinstöcke bedecken weite Teile La Manchas, des größten Weinbaugebiets in Spanien.

LA RIOJA ALTA *(umseitig)* Der höher gelegene Teil Riojas, Rioja Alta, hat ein kühles, feuchtes Klima und einen Boden mit dem notwendigen Säuregehalt für die Produktion ausgeprägter Weine.

MENESTRA A LA BILBAINA

GEMÜSETOPF AUS BILBAO

Dieses Gericht läßt die jungen Frühlingsgemüse so richtig zur Geltung kommen. Die *menestra* wird entlang der atlantischen Küste Nordspaniens bis hin zum französischen Baskenland zubereitet. Dort heißt sie *loussinat.*

Es können nach Belieben alle Gemüse verwendet werden, die erhältlich sind. In Asturien werden zum Schluß gebratene Kartoffeln und Schinken dazugegeben, während in Navarra Artischockenböden und Mangoldstiele, in Mehl gewendet und gebraten, hineinkommen, um dem Ganzen zusätzlichen »Biß« zu geben.

FÜR 6 PERSONEN

100 g Hinterschinken oder Pökelfleisch, gewürfelt
2 EL gewürfeltes Fett vom Hinterschinken oder Olivenöl
4 Artischockenböden, geviertelt (Vorbereitung S. 103)
1 Zwiebel, gehackt
3 Knoblauchzehen, feingehackt
250 g frisch gepalte Erbsen
(einige zarte Schoten aufbewahren)
250 g grüne Bohnen, geputzt, in kurze Stücke geschnitten
450 g Puffbohnen
250 g junge Möhren, in kurze Stücke geschnitten
6 EL gehackte Petersilie
175 ml trockener Weißwein
300 ml leichte Fleisch- oder Hühnerbrühe
2 Eier, hartgekocht, geschält und gehackt
Salz
Frisch gemahlener schwarzer Pfeffer

Das gewürfelte Fett oder das Öl in einer Kasserolle erhitzen und die Zwiebel darin weich dünsten. Zum Schluß Knoblauch und zwei Eßlöffel gehackte Petersilie hinzufügen. Alles im Mixer mit etwas Wein pürieren. Den gewürfelten Schinken in die Kasserolle geben und sanft braten.

Salzwasser in einem Topf zum Kochen bringen. Die Brühe zum Schinken in die Kasserolle füllen und zum Kochen bringen. Die Gemüse in folgendem Ablauf garen: Puffbohnen in die Kasserolle und die Erbsen und einige zarte Schoten in das leise kochende Salzwasser geben. Nach 10 Minuten die geviertelten Artischockenböden in die Kasserolle geben und das restliche Gemüse zu den Erbsen. Alles 10 Minuten kochen lassen.

Die in Salzwasser gekochten Gemüse abgießen und zu den anderen Gemüsen in die Kasserolle geben. Den restlichen Wein und das Zwiebelpüree hinzufügen, die Flüssigkeit erwärmen und alles vorsichtig umrühren. Abschmekken und mit wenig Kochflüssigkeit in Suppenteller füllen. Mit gehacktem Ei und der restlichen Petersilie bestreut servieren.

JUDÍAS BLANCAS A LO TÍO LUCAS

ONKEL LUKAS' WEISSE BOHNEN

Hinter diesem nahrhaften Gericht aus würzigen Bohnen steht die behäbige Persönlichkeit eines Wirtes, der Onkel Lukas hieß. Er erfand diesen Bohnentopf Anfang des 19. Jahrhunderts für die Matrosen, die in Cádiz auf Kredit lebten, während sie auf die Auszahlung der Heuer am Ende ihrer Fahrt warteten. Onkel Lukas zog später nach Madrid und eröffnete dort ein Wirtshaus, in dem seine ausgezeichneten Bohnen nationalen Ruhm erlangten.

FÜR 4 PERSONEN

500 g getrocknete weiße Bohnen
150 g fetter Speck oder Räucherschinken (1 dicke Scheibe)
2 EL Olivenöl
2 große Zwiebeln, gehackt
1 Knoblauchknolle, Zehen geschält und feingehackt
2 EL Tomatenmark
1 Lorbeerblatt
2 TL Paprikapulver
1 EL Essig
¼ TL Kreuzkümmel, gemahlen
Nelken, gemahlen
1 EL Petersilie, feingehackt
¼ TL weißer Pfeffer, gemahlen
1 TL Salz

Die Bohnen 1 Stunde in kochendem Wasser oder über Nacht in reichlich kaltem Wasser einweichen.

Den Fettrand vom Speck oder Räucherschinken abschneiden und hacken. Das verbleibende Fleisch in croûtongroße Würfel schneiden. Olivenöl in eine Kasserolle geben und gehacktes Fett und Zwiebeln darin braten. Nach 10 Minuten zuerst das gewürfelte Fleisch und dann den Knoblauch hinzufügen. Die Bohnen abtropfen lassen, mit den restlichen Zutaten in die Kasserolle geben und mit soviel Wasser auffüllen, daß alles gut bedeckt ist.

Nun 1¼–1½ Stunden köcheln lassen, bis die Bohnen weich sind. Gelegentlich darauf achten, daß sie nicht ansetzen oder austrocknen. Es sollte soviel Flüssigkeit vorhanden sein, daß einige Löffel davon an jede Portion gegeben werden können. Abschmecken und als Vorspeise in Suppentellern servieren. Diese Bohnen sind auch eine passende Beilage zu fettem Fleisch, beispielsweise Speck und Würsten oder gebatener Lammschulter.

MIGAS DE PASTOR

SPANISCHE KNOBLAUCH-CROÛTONS

Brot spielt in der spanischen Ernährung eine große Rolle. Es ist köstlich knusprig und frisch. Die Spanier würden sagen, es sei sogar besser als französisches Baguette, das jedoch immerhin als geeigneter Ersatz dienen kann. Es ist noch nicht lange her, da war auf dem Land ein täglicher Pro-Kopf-Verbrauch von etwa 1 kg Brot üblich – als Beilage zu Gemüsen oder Fleisch und zum Auftunken von Saucen.

Das Brot wird niemals altbacken gegessen. Darauf wird so viel Wert gelegt, daß die Anrichten in alten Bauernküchen ein spezielles Fach für das Brot vom Vortag haben. Es wird dann nur noch zum Kochen verwendet. Brotkrumen binden Saucen, Brotscheiben legt man in Suppenteller, und *tostadas* reicht man zu Gemüsen – kosten Sie einmal im roten Fett der *manteca colorada* (S. 28) gebratenes Brot. Das typische spanische Brot ist weiß. Aber dunkles Brot kann die bessere Wahl sein, wenn Sie kein gutes Weißbrot bekommen können.

Dieses Rezept stammt ursprünglich aus der Militärakademie in Saragossa; es ist in ganz Spanien beliebt. In Estremadura nimmt man die Knoblauch-Croûtons, um gekochtes Gemüse anzureichern, oder als Beilage zu Eiern und Speck. Der Gastgeber von Gerald Brenan aß sie mit Sardinen und Schokoladensauce!

FÜR 4 PERSONEN

4 dicke Scheiben Brot (vom ganzen Laib geschnitten, so altbacken, daß sie fest sind)
2 Knoblauchzehen, mit dem Messerblatt zerdrückt
Öl zum Braten
Salz
Frisch gemahlener schwarzer Pfeffer

Die Krusten abschneiden und das Brot in 1 cm große Würfel schneiden. Mit Wasser beträufeln, salzen und pfeffern und in ein Geschirrtuch wickeln. Die Brotwürfel so über Nacht stehenlassen.

Eine halbe Stunde vor dem Servieren das Öl mit dem Knoblauch erhitzen. Bevor es zu rauchen beginnt, den Knoblauch entfernen und die Brotwürfel hineingeben. Unter ständigem Wenden braten, bis sie goldbraun sind. Die knusprigen Brotwürfel sehr heiß als Beilage zu *pisto* (S. 50) oder *samfaina* (S. 89) servieren. Sie schmecken auch sehr gut zu Eiern mit Speck.

TOMATES RELLENOS A LA ALICANTINA

GEFÜLLTE TOMATEN AUS ALICANTE

Spinat mit Orangensaft und Mandeln in Tomatenhälften gebacken – eine elegante Vorspeise.

FÜR 4 PERSONEN

4 große reife Fleischtomaten (je Tomate etwa 250 g)
500 g frischer Spinat
150–200 g Kochschinken oder geräucherter Schinken oder Speck
4–5 EL Butter
1 EL Olivenöl (falls Kochschinken verwendet wird)
Abgeriebene Schale und Saft von 1 unbehandelten Orange
Salz
Frisch gemahlener schwarzer Pfeffer
150 g Mandeln, blanchiert und enthäutet

Den Spinat waschen und abtropfen lassen, die Stiele entfernen. Nochmals waschen und abtropfen lassen, dabei große Blätter kleiner zupfen. Zwei Eßlöffel Butter in einen großen Topf geben und den Spinat darin zugedeckt dünsten. Nach 5 Minuten den Deckel abnehmen, die oberen Blätter nach unten rühren und weitere 10 Minuten ohne Deckel dünsten. Anschließend den Spinat abtropfen lassen und feinhacken.

In der Zwischenzeit den Backofen auf 180 °C (Gas Stufe 2–3) vorheizen. Die Tomaten quer halbieren, mit einem Löffel aushöhlen und die Hälften in einer großen gefetteten Auflaufform anordnen. Wenn Sie Kochschinken verwenden, je einen Eßlöffel Butter und Olivenöl in einen Topf geben, erhitzen und den gewürfelten Schinken darin braten. Wird geräucherter Schinken oder Speck verwendet, den Fettrand abschneiden und Fett und Fleisch getrennt würfeln. Zwei Eßlöffel Fettwürfel in den Topf geben. Erhitzen, bis das Fett austritt, dann das gewürfelte Fleisch hinzufügen und braten, dann den gehackten Spinat ebenfalls in den Topf geben und im Fett wenden. Saft und abgeriebene Schale der Orange hinzufügen und kräftig würzen.

Zwei Eßlöffel Butter in einer kleinen Pfanne erhitzen und die Mandeln darin bewegen, bis sie Farbe annehmen. Herausnehmen, mit Küchenkrepp abtupfen und hacken, dann wieder in die Pfanne geben und goldbraun rösten. Die Spinatmischung in die Tomatenhälften füllen, mit den gehackten Mandeln bestreuen und 20 Minuten backen. Ein roter Valdepeñas *reserva* aus La Mancha, gewonnen aus Cencibel-Trauben, paßt ausgezeichnet zu Spinat.

PATATAS PICANTES

PIKANTE BRATKARTOFFELN

Mit Paprika gebratene Kartoffeln sind überall in Spanien sehr populär. Auf den Kanarischen Inseln kocht man sie angeblich so lange in Meerwasser, bis das Wasser verdunstet ist; die Kartoffeln sind dann mit dem feinen Meersalz überzogen. Anschließend werden sie mit Paprika in Öl gebraten. Das ergibt köstliche Bratkartoffeln, die wunderbar zu Schweinekoteletts passen.

FÜR 4 PERSONEN

500 g neue Kartoffeln, saubergebürstet, aber nicht geschält
1 EL grobes Salz
4 EL Olivenöl
4 große Knoblauchzehen
½ kleine getrocknete Chilischote, entkernt und gehackt, oder eine Prise Cayennepfeffer
1–2 TL Paprikapulver

In einen großen, flachen Topf so viele Kartoffeln legen, daß sie gerade nebeneinander hineinpassen. Mit kaltem Wasser bedecken, das Salz hinzufügen und zum Kochen bringen. Zugedeckt 20–25 Minuten kochen lassen, bis die Kartoffeln gar sind (die Schalen dürfen nicht platzen). Abgießen und geschält oder ungeschält – wie Sie wollen – in Scheiben schneiden.

Das Öl in einer Pfanne erhitzen. Die Knoblauchzehen mit einem Messerblatt zerdrücken und, falls verwendet, mit der gehackten Chilischote in das Fett geben. Wenn der Knoblauch bräunt, beides herausnehmen.

Die Kartoffelscheiben bei mittlerer Hitze in die Pfanne geben. Sobald sie an den Rändern bräunen, mit Paprika und, falls verwendet, Cayennepfeffer bestreuen. Noch einige Minuten in der Pfanne bewegen und wenden. Da hier kein gehackter Knoblauch enthalten ist, der verbrennen würde, können die Kartoffeln bei niedriger Hitze etwa 10–15 Minuten in der Pfanne heiß gehalten werden.

GARBANZOS Y CHORIZOS

EINTOPF AUS KICHERERBSEN UND WÜRSTEN

Dieser Eintopf aus dem kühlen, regenreichen Galicien wird garantiert die Kälte vertreiben. Im baskischen Tolasa bereitet man aus schwarzen Bohnen ein ähnliches Gericht, und in Burgos nimmt man dafür *pinto*-Bohnen. Verwenden Sie irgendeine würzige Wurst, die sie bekommen können – in Spanien wird oft *morcilla* (S. 14) hineingegeben. Wenn Sie Tomatensaft und rote Paprikaschoten in Gläsern verwenden, ist die pikante Grundlage dieses Gerichts sehr schnell zubereitet.

Dieses Gericht läßt sich problemlos wieder aufwärmen. Das Gemüse schmeckt auch kalt sehr gut, darüber hinaus kann man *tortillas* damit füllen.

FÜR 4–6 PERSONEN

500 g getrocknete Kichererbsen, 1 Stunde in kochendem oder über Nacht in kaltem Wasser eingeweicht
500 g chorizos *zum Kochen oder andere frische Paprikawürste, in Stücke geschnitten*
Etwa 850 ml ungesalzene Brühe oder ein Drittel Tomatensaft und zwei Drittel Wasser
1 große Zwiebel, gehackt
2 Knoblauchzehen, feingehackt
2 EL Olivenöl
100 g rote Paprikaschoten aus dem Glas oder 2 EL Tomatenmark mit 1 TL Paprikapulver (weglassen, wenn Tomatensaft verwendet wird)
Salz
Frisch gemahlener schwarzer Pfeffer

Die Kichererbsen abgießen, in einen Topf geben und mit der eineinhalbfachen Menge Brühe ¾–1½ Stunden köcheln lassen, bis sie zart sind. Die Garzeit ist abhängig von der Sorte (S. 13).

Die Zwiebeln in dem Öl langsam weich dünsten, dann die Wurststücke hinzufügen. Diese 20 Minuten braten und dabei gelegentlich wenden. Wenn das Fett austritt, den Knoblauch dazugeben. Fertiggegart mit dem Bratfond zu den Kichererbsen geben.

Die Paprika abgießen, in Streifen schneiden und unterrühren (oder Tomatenmark und Paprikapulver hinzufügen). Nun 10 Minuten köcheln lassen und abschmekken. Mit grünem Salat und Rotwein servieren.

Garbanzos y Chorizos *links*, Menestra a la Bilbaina *rechts (S. 67).*

ALCACHOFAS CON DOS SALSAS

ARTISCHOCKEN MIT ZWEI SAUCEN

Die Spanier lieben die hübsche Form der Artischocken und beschneiden die Blätter nur, wenn es nötig ist. Es ist aber appetitlicher, wenn das haarige »Heu« vor dem Servieren entfernt wird. Die entstandene Höhle wird dann mit Mayonnaise gefüllt, und die äußeren Blätter tunkt man in eine Vinaigrette. Diese beiden Saucen reicht man häufig auch zu weißem Spargel aus Rioja, den es in Dosen im ganzen Land zu kaufen gibt.

FÜR 4 PERSONEN

4 große Artischocken
1 Knoblauchzehe, feingehackt
1 EL Petersilie, feingehackt
150 g Mayonnaise (S. 78)
125 ml Olivenöl
3 EL Weinessig
Salz
Frisch gemahlener schwarzer Pfeffer

Die Stiele der Artischocken knapp unter dem Boden abbrechen. Bei großen, zähen Artischocken werden auf diese Weise die meisten holzigen Fasern aus dem Boden herausgezogen. Dann mit einem Messer den Rest des Stiels abschneiden und den Boden so beschneiden, daß die Artischocken gut stehen. Zarte, kleine Artischocken etwa 20 Minuten, große, zähe etwa 40 Minuten in reichlich Salzwasser kochen. Die Artischocken sind gar, wenn sich die Blätter leicht herauszupfen lassen. Ohne Deckel gegart bleiben sie grün. Mit der Oberseite nach unten 10 Minuten abtropfen und etwas abkühlen lassen.

Nun werden sie zum Servieren vorbereitet: Die inneren Blätter herausziehen. Wenn unter den ersten entfernten Blättern ein weicher, heller Kegel erscheint, vorsichtig mit einem Teelöffel das »Heu« mitsamt dem Kegel zarter Blätter herausheben.

Die Artischocken können lauwarm oder kalt gegessen werden. Zum Servieren etwas Knoblauch und Petersilie in die Mayonnaise rühren und damit jeweils die Höhle füllen. Aus Öl, Essig, Pfeffer und Salz eine Vinaigrette zubereiten, etwas davon auf jeden Portionsteller geben und die Artischocken daraufsetzen. Die äußeren Blätter in die Vinaigrette tunken. Die inneren Blätter und zum Schluß den Boden mit der Mayonnaise essen. Denken Sie daran, einen Teller für die Blattreste bereit zu stellen und Servietten zu reichen.

ENSALADA DE NARANJAS VALENCIANAS

SALAT AUS ORANGEN UND ZWIEBELN

Dies war ursprünglich ein spanischer Wintersalat mit Zutaten aus dem Vorratskeller. Inzwischen gibt es Blattsalate das ganze Jahr über zu kaufen und man kann diesen Salat damit sehr hübsch abrunden. Sie sind eine dekorative Ergänzung, wenn man den Rand der Salatschüssel damit auskleidet. Dieser Salat eignet sich hervorragend als bunte Beilage und schmeckt als Vorspeise vor einem Lammeintopf wunderbar.

FÜR 6 PERSONEN

4 große Orangen
1 rote Zwiebel oder ½ milde spanische Zwiebel
1 Blattsalat (nach Belieben)
2 EL Rotweinessig
4 EL Olivenöl

Salz
Frisch gemahlener schwarzer Pfeffer
Zucker
Einige schwarze Oliven

Rote Zwiebelringe sehen hübsch aus in diesem Salat, aber man muß sie vorher wässern, um ihre Schärfe zu mildern. Die Zwiebel in möglichst dünne Scheiben schneiden und in Ringe zerlegen. Die Orangen schälen und in Scheiben schneiden, Häute und Kerne entfernen. Orangenscheiben und Zwiebelringe in einer Salatschüssel anrichten. Falls Sie eine tiefe Schüssel nehmen, diese mit Salatblättern auslegen, so daß ein grüner Rand zu sehen ist. Ist die Schüssel flach, die Salatblätter bündelweise aufrollen und so schneiden, daß Streifen entstehen. Die Salatstreifen am Rand anordnen. Orangenscheiben und Zwiebelringe in die Salatschüssel geben.

Aus Essig, Öl und den Gewürzen eine Vinaigrette herstellen und über den Salat geben. Die Oliven darauf verteilen und alles vor dem Servieren 30 Minuten stehen lassen, damit sich die Aromen vermischen.

ESCALIVADA CON ANCHOAS

SALAT AUS GEGRILLTEN AUBERGINEN UND ROTEN PAPRIKA MIT ANCHOVIS

Escalivar ist das katalanische Verb für »über Kohle garen«. Die Gemüse erhalten auf dem Grill ein typisch rauchiges Aroma und passen wunderbar zu gegrilltem Steak. Auch Tomaten und Kartoffeln können so gegart und anschließend mit etwas Cayennepfeffer oder scharfem Paprikapulver zerstampft werden. Eine solche cremige Masse kann als Basis für eine gekühlte Vorspeise oder Sauce zu gebratener Seezunge dienen.

FÜR 4 PERSONEN

4 kleine Auberginen (je etwa 200 g)
4 rote Paprikaschoten
50 g Anchovis aus der Dose, abgetropft
4 EL natives spanisches Olivenöl

Den Backofen auf 200 °C (Gas Stufe 3–4) vorheizen. Paprikaschoten und Auberginen auf den Rost legen und backen, dabei wenden. Die Auberginen benötigen etwa 1 Stunde, die Paprika 30 Minuten. Die Paprika herausnehmen, wenn sie weich sind, etwas abkühlen lassen und in einen Frischhaltebeutel geben.

Die Stiele der Auberginen entfernen. Die dunkle Haut läßt sich leicht abziehen. Die Auberginen längs halbieren und die Hälften nochmals längs halbieren, so daß »Schiffchen« entstehen. Sie sind jetzt weich und seidig und haben nur noch ein Viertel des ursprünglichen Gewichts. Die Haut der Paprikaschoten abziehen, dabei Stiele entfernen, dann die Paprika längs halbieren und entkernen.

Auberginen und Paprika auf Portionstellern anrichten – entweder nebeneinander oder die Paprika obenauf. Kreuzweise mit Anchovis belegen und das Olivenöl darüberträufeln.

GETROCKNETE BOHNEN Die Vielfalt der verschiedenen Bohnensorten in Spanien ist erstaunlich, und jede Ortschaft hat ihre eigene hochgepriesene Spezialität.

AMANIDA CATALANA

KATALANISCHER SALAT

Amanida, das katalanische Wort für »Salat«, ist abgeleitet aus dem Verb *amanir* (würzen) – ebenso wie das deutsche Wort vom italienischen *insalata* (eingesalzene, gewürzte Speise) stammt. Die *amanida* wird entsprechend dem jahreszeitlichen Angebot jedesmal anders zusammengestellt.

Die Auswahl an Zutaten ist groß; Sie können sich bei diesem Salat aber auch auf drei bis vier Zutaten beschränken. Er paßt vorzüglich zu roter Meeräsche *en escabeche*, zubereitet mit butterweichen Avocados.

Richten Sie die Zutaten wie die Speichen eines Rades auf einer großen Platte an. So wird aus der *amanida catalana* ein appetitlicher Blickfang eines kalten Buffets oder ein eindrucksvolles Gericht für den ersten Gang eines festlichen Abendessens.

FÜR 6 PERSONEN

6 dünne Scheiben jamón serrano *(S. 12)*
oder prosciutto crudo
Tentakelbündel von 6 kleinen Kalmaren (500 g), gesäubert (S. 95)
2 EL Olivenöl
Etwa 125 g gegarte Garnelen in der Schale
2 Dosen Sardinen in Öl (je 125 g), gut abgetropft
3 Eier, hartgekocht, geschält und in Scheiben geschnitten
100 ml dicke Mayonnaise (S. 78)
1 EL große Kapern
400 g Artischockenherzen aus der Dose, abgetropft
3 Tomatenpaprika aus dem Glas, gut abgetropft
12 große grüne Oliven, etwa 80 g
18 kleine schwarze Oliven, in Öl eingelegt, etwa 50 g
350 g reife Tomaten, enthäutet, entkernt und gewürfelt
½ EL Petersilie, sehr fein gehackt
Glatte Petersilienblätter
Einige Salatblätter (Frisée oder Lollo Bionda, nach Belieben)

Die Tentakeln mit Küchenkrepp gut trockentupfen. Das Öl in einer kleinen Pfanne erhitzen und die Tentakeln mit der Schnittfläche nach unten hineingeben, so daß sie sich wie Blüten öffnen. Auf jeder Seite 1 Minute braten, damit sie beidseitig rosa werden, dann auf Küchenkrepp abtropfen lassen und beiseite stellen.

Eine Amanida-Catalana-Variante.

Die Artischockenherzen dritteln und zusammen mit den Tomaten vor dem Anrichten kurz mit etwas Vinaigrette marinieren.

Alle Zutaten auf einer großen Platte (etwa 35 cm im Durchmesser) – sehr dekorativ ist eine muschelförmige Glasplatte – oder auf Portionstellern anordnen. Die verschiedenen Zutaten machen sich am besten, wenn sie getrennt nebeneinander arrangiert werden, statt sie auf der Platte bunt zu verteilen. Auf einer großen, runden Platte wirken »Radspeichen« sehr gut, auf Portionstellern wird besser fächerförmig angerichtet.

Serviervorschlag: Den rohen Schinken quer halbieren, jedes Stück aufrollen, so daß an einem Ende der Fettrand zu sehen ist. Die Schinkenröllchen fächerförmig auf die Platte legen, die Tomatenwürfel direkt daneben anhäufen. Leicht mit feingehackter Petersilie bestreuen. Die reifen Oliven neben die Tomaten legen.

Die Sardinen leicht überlappend nebeneinander zu einem Fächer legen, mit den Schwanzenden zur Mitte der Platte ausrichten. Tomatenpaprika in Streifen schneiden und daneben anordnen. Die beiden roten Zutaten – Tomatenpaprika und Tomaten – sollten immer getrennt bleiben.

Die Eierscheiben neben die Sardinen legen. Die Kapern unter die Mayonnaise rühren und zur Hälfte über die Eierscheiben geben. Die großen grünen Oliven in der Mitte anordnen. Die Artischockenherzen danebenlegen.

Die Garnelen und die Tentakelbündel dort an den Rand legen, wo noch Platz ist. Zum Schluß zwischen die angeordneten Zutaten jeweils kleine Bündel frischer Salatblätter stecken und einige Blätter der glatten Petersilie in die Mitte legen. Das Ganze ist so dekorativ und festlich, daß Sie dazu unbedingt einen *cava*, den nach der Champagner-Methode hergestellten perlenden Wein aus Katalonien trinken sollten.

PIRIÑACA

PAPRIKAPÜREE MIT THUNFISCH UND EI

Das Dressing für diesen Salat hat in Spanien eine viel ältere Tradition als die Gemüse, die damit angemacht werden. Es wird aus Öl, pürierter Paprika und hartgekochtem Eigelb zubereitet.

In Jaén, im Norden Andalusiens, gibt es einen sehr ähnlichen Salat, die *pipirrana*. Sie enthält zusätzlich Gurken, aber nicht unbedingt Thunfisch. Die gut gekühlte *pipirrana* wird dort als Beilage zu dünnen Scheiben des regionalen Bergschinkens gereicht.

FÜR 6–8 PERSONEN

2 große Eier
200 g Thunfisch aus der Dose (in Salzlake), gut abgetropft
3 kleine grüne Paprikaschoten, entstielt und entkernt
3 große reife Tomaten, enthäutet und geviertelt
1 Knoblauchzehe, feingehackt
1 dünne Scheibe altbackenes Brot, ohne Kruste
1½ EL Rotweinessig
3 EL Olivenöl
Salz
Frisch gemahlener schwarzer Pfeffer
Glatte Petersilienblätter oder Salatblätter

Die Eier in 12 Minuten hart kochen, abgießen und sofort mit kaltem Wasser bedecken, damit das Eigelb sich nicht verfärbt. Den Thunfisch in eine große Schüssel geben und mit einer Gabel zerteilen. Die Paprikaschoten vierteln und zuerst in lange dünne Streifen schneiden (etwa doppelt so dick wie Streichhölzer), dann in feine Würfel. Das Innere der Tomaten mit einem scharfen Messer herausschneiden und das Fleisch würfeln. Das hartgekochte Eiweiß ebenso würfeln (Eigelb aufbewahren). Dann alles miteinander vermischen und kalt stellen.

Das Brot in Wasser einweichen, dann ausdrücken. Den Knoblauch mit Salz und dem hartgekochten Eigelb im Mixer zu einer Paste verarbeiten. Brot, Essig und Paprika hinzufügen und erneut pürieren. Das Öl hineinrühren und alles zu einer cremigen Masse pürieren. Den Salat 30 Minuten vor dem Servieren anmachen und vorsichtig mischen. Auf Portionsteller geben und mit einem Sträußchen Petersilienblätter oder einem krausen Salatblatt garnieren.

ENSALADILLA RUSA

»RUSSISCHER« SALAT

Die Herkunft dieses Salats geht wahrscheinlich zurück auf die Napoleonischen Kriege, als in Paris alle Speisen »nach russischer Art« modern waren und sich viele Franzosen in Spanien niederließen. In den *tapa*-Bars ist dieser Salat immer vorrätig.

Soll ein kaltes Mittagessen daraus werden, servieren Sie ihn mit Eiern, die mit Thunfisch gefüllt sind – eine weitere spanische Erfindung. In Algeciras gibt man geschälte Garnelen an den Salat und etwas Curry in die Mayonnaise.

FÜR 4 PERSONEN

500 g eigroße Kartoffeln
1 große Möhre, geschält und gewürfelt
3 EL Erbsen
1 grüne Paprikaschote, entstielt und ausgehöhlt
3 EL milde spanische Zwiebeln, feingewürfelt
400 g Artischockenherzen aus der Dose, geviertelt
1½ EL Kapern
8 Cornichons, gehackt
8 schwarze Oliven, jeweils rund um den Stein in drei Streifen geschält
1 Tomatenpaprika aus dem Glas
Salz
Frisch gemahlener Pfeffer

MAYONNAISE

2 große Eigelb
2–3 EL Zitronensaft
300 ml Olivenöl
1–2 EL Weißwein oder warmes Wasser
Salz

Die eigroßen Kartoffeln mit der Schale 20–25 Minuten in Salzwasser kochen. Nimmt man größere oder geschälte Kartoffeln, wird die Außenseite leicht mürbe oder das Innere zu feucht für einen guten Salat. Abkühlen lassen, dann schälen und in kleine Würfel schneiden. Möhren und Erbsen in Salzwasser garen und abgießen. Paprikaschote zuerst in Streifen, dann zu kleinen Würfeln schneiden. Alles miteinander vermischen, dabei gut würzen. Zwiebeln, Artischocken, Kapern und Cornichons unterheben.

Die Mayonnaise zubereiten. Die Eigelb mit zwei Teelöffeln Zitronensaft und etwas Salz in eine Schüssel geben und kräftig schlagen. Am besten nehmen Sie ein Handrührgerät, so wird Eigelb, das direkt aus dem Kühlschrank kommt, leicht angewärmt. Sanfte Wärme ist der Schlüssel für die erfolgreiche Zubereitung einer Mayonnaise. Wenn

MARKT IN SAN SEBASTIAN Nicht nur die sonnengereiften Gemüse, wie Tomaten und Paprika, auch frische grüne Blattgemüse schätzt man sehr.

es in Ihrer Küche recht kühl ist, sollten Sie den Meßbecher mit Olivenöl in einen Topf mit heißem Wasser stellen.

Zunächst etwa zwei Teelöffel Öl langsam hinzufügen. Darauf achten, daß es gut untergemischt ist, bevor Sie weitermachen. Das Öl nach und nach unter Rühren dazugeben, mit Salz abschmecken. Die Mayonnaise ist nun eine dicke gelbe Creme, die mit warmem Wasser verdünnt werden kann. In diesem Fall wird etwas Wein dazugegeben, damit die traditionelle Mayonnaise daraus wird.

Die Mayonnaise über die Gemüse geben und vorsichtig unterheben. Das Ganze in eine Kastenform ([Inhalt 1,5 l] vorsichtig in die Ecken drücken) oder eine Auflaufform geben und kalt stellen. Vor dem Stürzen mit einem Pfannenmesser am Rand der Form entlangfahren. Nach Belieben kann die Außenseite mit Mayonnaise bestrichen werden. Dafür muß man allerdings eine Mayonnaise aus drei Eiern zubereiten. Den gestürzten *ensaladilla rusa* mit Streifen von roter Paprika und schwarzen Oliven garnieren.

FISCH UND MEERESFRÜCHTE

Spanien ist ein Land mit zwei Meeren und unzähligen Bergflüssen – kein Wunder, daß die Spanier eine grenzenlose Vorliebe für Fische und Meeresfrüchte haben.

Vieiras de Santiago *links (S. 91)*, Merluza con Salsa Verde *rechts (S. 83)*.

Das Essen von Fisch und Meeresfrüchten ist eine nationale Leidenschaft der Spanier. Weil Spanien an zwei sehr verschiedenen Meeren liegt – das eine ist temperamentvoll und rauh, das andere ruhig und mild –, ist die Vielfalt des spanischen Angebots an Fisch und Meeresfrüchten enorm. Außerdem besitzt Spanien lachs- und forellenreiche Bergflüsse.

Die spanische Küche ist einfach, aber immer zweckmäßig. Der Grill kann improvisiert sein – vielleicht besteht er nur aus einem Stock mit aufgespießten Fischen über einer Feuerstelle –, aber Fische, naturell gebraten, erhalten goldbraune Krusten ohne eine Spur von Öl. Am Schluß allenfalls mit etwas Zitronensaft beträufelt, sind sie ein Genuß. Der Geschmack der vielfältigen, außerhalb des Landes kaum bekannten Fischarten kommt so hervorragend zur Geltung. Im ganzen Land beherrscht man die Kunst, Fische zu braten und zu grillen. Es gibt traditionelle Garmethoden, die die zarten Aromen hervorheben, wie beispielsweise bei Lachs, der zunächst in Milch mit Zitronensaft und Salz mariniert und anschließend über Holzkohle gegrillt wird, oder bei der Bachforelle, die in Weißwein gedünstet oder mit rohem Schinken gefüllt oder umwickelt wird.

Außerdem gibt es die köstlichen suppigen Eintöpfe mit Meeresfrüchten: Die *caldeirada de pescado* von der Nordküste mischt ganz munter die verschiedensten Schaltiere und große Fischstücke; und die katalanische Küste hat die herrliche *zarzuela* (S. 94) und ein ähnliches Gericht ohne Tomaten, den *suquet* oder *susquet.*

Sogar in den Dörfern im Landesinnern sieht man auf den Märkten kleine Berge silbrig glänzender Fische – ein beeindruckendes Angebot aus dem Meer. Dort findet man Rotbarben, liebevoll *salmonetes* genannt, die man ungeputzt grillt, und direkt daneben vielleicht die kleinen braunen Seezungen. Haifischfleisch liegt enthäutet auf der Fischtheke, rosafarben und gar nicht furchteinflößend, dazu bestimmt, in Eintöpfen zu enden. Und es gibt den Schwertfisch, *pez espáda,* mit seiner schwarzen kunststoffartigen Haut, dessen Steaks sich gut zum Grillen eignen.

Der Favorit vieler Spanier ist die *merluza* (Seehecht). Sie wird wegen ihres zarten Geschmacks und des mageren, festen Fleisches gern gegessen. Seehechtrezepte können übrigens auch mit Kabeljau oder Schellfisch zubereitet werden. Ein weiterer beliebter Fisch des Mittelmeers ist der *mero* (brauner Zackenbarsch). Ein Stichwort sagt, das beste Essen sei »das Lamm aus den Bergen und der *mero* aus dem Meer«. Vermutlich haben die Spanier den anderen europäischen Völkern den Verzehr des häßlichen Seeteufels schmackhaft gemacht. Auf dem Boqueria-Markt in Barcelona kann man große Mengen Seeteufel sehen.

Seit alters her waren die Basken Fischer. Und sie waren es, die die spanische Speisekarte um den Kabeljau aus dem Atlantik bereicherten. Die baskische Spezialität ist natürlich *bacalao* (S. 10) mit dem regionalen *chorizero*-Paprika (s. GEWÜRZPAPRIKA S. 12). *Bacalao* ist nach wie vor in ganz Spanien ausgesprochen beliebt. Die Verbreitung von tiefgefrorenem Fisch hat der Beliebtheit dieses nach traditionellen Methoden konservierten Lebensmittels keinen Abbruch getan.

Die Vielfalt der Krustentiere ist verblüffend. In Spanien gibt es unglaublich viele Garnelensorten – und jede hat einen eigenen Namen. Sie werden gegart und *naturell* gegessen wie die *gambas de palomos,* die genau drei Minuten gekocht und dann auf Eis gelegt werden, um weiteres Garen zu verhindern. Der mit dem Hummer verwandte Kaisergranat heißt im Spanischen *langostino* oder *cigala.* Sein Panzer und seine Scheren sind lachsfarben, und er verändert beim Kochen seine Farbe nicht. *Langosta* (Languste), der stachelige Felsenhummer, wird wegen seines köstlichen Fleisches geschätzt. Für gewöhnlich werden die Langustenschwänze gekocht und lediglich mit Mayonnaise serviert.

Der Star der Nordküste aber ist die *centolla* (Meerspinne). Sie ist herzhafter als der Taschenkrebs, enthält jedoch weniger Fleisch. Häufig mischt man das Fleisch der Meerspinne mit Seehecht und füllt es in den Panzer.

Beide Meere liefern Muscheln in einer unglaublichen Vielfalt. Es gibt auf den Märkten eine riesige Auswahl kleiner Venusmuschelarten, jede mit einem regionalen Namen. *Navajas* sind Schwertmuscheln. Man sieht sie mit Bindfäden gebündelt auf dem Markt. Am befremdlichsten sind Entenmuscheln *(percebes),* die strenggenommen zu den Krustentieren zählen, aber eher wie Muscheln aussehen. Sie stehen wie kleine Bärentatzen von den Felsen ab.

Die *concha fina* der Südküste ist eine große Venusmuschel. Am besten ißt man sie in einer Sherry-Bar in Málaga. Es gibt dort Bars, in denen die Sherryfässer bis unter die Decke gestapelt sind – die Traubensorten quer über die Fässer geschrieben. Und ein alter Mann sitzt den ganzen Tag dort und öffnet Muscheln. An solchen Orten kann man genüßlich Sherrys probieren und Muscheln dazu naschen.

Kalmare (S. 12) sind ausgesprochen populär, um so mehr, als sie durch Tiefgefrieren kaum Qualitätsverluste erleiden. Fritierte *calamares*-Ringe gibt es überall. In Kantabrien an der Nordküste heißen panierte Kalmare *rabas* (Fischköder). Auch Tintenfische sind sehr beliebt, ihre süßliche schwarze Tinte kommt besonders bei *sepia en su tinta* aus dem Norden und dem *arroz negro* (schwarzer Reis) von der Ostküste zur Geltung.

MERLUZA CON SALSA VERDE

SEEHECHT MIT MUSCHELN IN GRÜNER SAUCE

Die grüne Petersiliensauce mit Wein aus Santander ist eine der schönsten Ergänzungen zu dem köstlichen Geschmack des Seehechts. Dieses Gericht wird oft in kleinen Keramikschüsseln mit sehr viel Sauce serviert, und häufig gibt man noch weitere Früchte des Meeres hinein. Traditionell gehören Venusmuscheln dazu, aber es kann auch jede Muschelart verwendet werden, in deren Schalen sich etwas Meerwasser fängt. Die baskische Spezialität *kokotxas,* eine andere Version, enthält Seehechtbacken, das sind die kleinen, zarten Fleischstückchen unter den Augen des Fisches.

Doña Plácida de Larrea aus Bilbao schilderte 1723 dieses Rezept für Seehecht mit Muscheln in einem Brief an eine Freundin. Sie fügte hinzu, ihr Ehemann schätze dazu einen leichten, süßlichen Weißwein. Ein leichter, trockener Weißwein aus Rioja paßt sehr gut zu diesem Fischgericht.

FÜR 4 PERSONEN

4 Seehechtfilets, je etwa 150 g
250 g Venus- oder Herzmuscheln, unter fließendem Wasser gespült
250 g Miesmuscheln, geputzt (S. 96)
200 g Erbsen, gekocht
1 Zwiebel, feingehackt
2 Knoblauchzehen, feingehackt
2 EL Olivenöl
2 EL Butter
2 EL Mehl
6 EL Petersilie
180 ml trockener weißer Rioja
350 ml Fischbrühe
Salz
Frisch gemahlener schwarzer Pfeffer

Butter und Öl in einer großen Kasserolle erhitzen. Die Zwiebel darin weich dünsten, zum Schluß den Knoblauch hinzufügen. Fischfilets würzen und leicht mit Mehl bestäuben. Die Zwiebel an den Rand der Kasserolle schieben (oder herausnehmen und später mit der Fischbrühe wieder dazugeben) und die Fischfilets langsam dünsten, dabei einmal vorsichtig wenden.

Die Fischbrühe und den Weißwein dazugeben und zum Kochen bringen. Die Muscheln hineingeben und nach dem Öffnen der Schalen auch die Erbsen. Nun 5 Minuten köcheln lassen. Die Petersilie hineinrühren und abschmecken. In Suppentellern servieren.

ESQUEIXADA

KATALANISCHER SALAT AUS GESALZENEM KABELJAU UND PAPRIKASCHOTEN

Aficionados (Kenner) schwärmen, der *bacalao* (S. 10) sei eine der größten kulinarischen Errungenschaften – vergleichbar mit Kaviar oder Trüffeln. Dieser Salat aus L'Empordà an der Costa Brava ist eine Offenbarung für alle, die getrocknetem Kabeljau mit Skepsis begegnen und ihn noch nie gegessen haben. Der Fisch ist durchscheinend und mild, mit einer Vinaigrette mariniert und nicht gekocht. Der Name des Gerichts ist von dem katalanischen Wort für »zerfasern« abgeleitet.

FÜR 4–6 PERSONEN

250 g getrockneter, gesalzener Kabeljau, 24 Stunden eingeweicht (S. 10)
¼ Zwiebel, in feine Scheiben geschnitten
2 rote Paprikaschoten, entstielt und ausgehöhlt
2 große reife Tomaten, enthäutet
3 EL natives Olivenöl
1 EL Rotweinessig
Frisch gemahlener schwarzer Pfeffer
50 g schwarze Oliven zum Dekorieren

Den Kabeljau abtropfen lassen und mit Küchenkrepp gut trockentupfen. Wenn das Fleisch zu dick ist, Streifen schneiden und in Küchenkrepp ausdrücken, um auch das letzte Wasser zu entfernen. Haut, Gräten, Flossen und verfärbtes Fleisch entfernen.

Den Fisch mit den Fingern fein zerfasern. Die Fleischfetzen sehen eher wie Schnitzel von weißen Pilzen als von Fisch aus. Die Zwiebelscheiben dazugeben. Dann Öl und Essig verrühren und darübergeben. Mit Pfeffer bestreuen, alles mischen und 2–3 Stunden an einem kühlen Ort marinieren.

Die Paprika in etwa streichholzgroße Streifen schneiden, kochendes Wasser darübergießen, so daß sie etwas weich werden. Nach 10 Minuten abgießen und auf Küchenkrepp abtropfen lassen. Die Tomaten vierteln und die Kerne entfernen. Das Fruchtfleisch in feine Streifen schneiden. Den Fisch mit allen anderen Salatzutaten vorsichtig vermischen. Auf kleinen Salattellern anrichten und mit schwarzen Oliven garnieren.

FRITOS DE PESCADO A LA MALAGUEÑA

FRITIERTE FISCHE AUS MÁLAGA

Andalusien wird manchmal *zona de los fritos* genannt; denn Cádiz, Málaga und die Provinz Murcia sind für ihren vorzüglichen fritierten Fisch bekannt. Die elegante City von Málaga hat die Auswirkungen des Tourismus besser überstanden als manch andere Stadt an der Küste, und dort kann man dieses ausgeklügelte Gericht mit seinen schön zusammengestellten Farben und vielfältigen Zutaten in seiner besten Ausführung bekommen. Wenn Sie es für vier Personen zubereiten, können Sie die Kraken und eine der Weißfischarten weglassen.

FÜR 6 PERSONEN

500 g Rotzunge oder 250 g Seezungenfilets
250 g Seehecht- oder Kabeljau- oder Schellfischfilets
3 rote Meeräschen, je knapp 200 g
250 g frische Anchovis oder kleine Sardinen oder Sprotten
250 g kleine Kalmare, geputzt (S. 95)
Mehl zum Überstäuben
150–175 ml Olivenöl zum Fritieren
2 Zitronen, in Spalten geschnitten
Zweige glatter Petersilie zum Garnieren
Salz
Frisch gemahlener schwarzer Pfeffer

Die Rotzunge enthäuten. Dazu mit der dunklen Hautseite nach unten auf die Arbeitsplatte legen und mit einem scharfen Messer am Schwanzende die Haut etwa 1 cm lösen, dann von Hand abziehen (am besten mit einem Ruck). Die Rotzunge in breite Streifen schneiden, das Seehechtfilet in rechteckige Stücke. Beide Fischsorten getrennt beiseite legen.

Die Meeräsche entschuppen, dazu mit der stumpfen Klingenseite eines Messers gegen den Strich über die Fischhaut schaben. Kopf und Schwanz abschneiden, den Fisch ausnehmen und filetieren. Dann jedes Filet in drei Stücke schneiden. Die Anchovis oder Sardinen ausnehmen und die Mittelgräte entfernen (S. 24). Sprotten können im ganzen verwendet werden. Die Kalmare putzen, wie auf Seite 95 beschrieben.

Wenn alles zum Fritieren bereit ist, Fische und Kalmare würzen und mit Mehl überstäuben. Reichlich Öl erhitzen, am besten in mehreren Pfannen. Mit dem Fritieren der dicksten Stücke beginnen, die Fischsorten getrennt lassen. Sorgfältig wenden, bis sie auf allen Seiten schön gegart sind. Herausheben und auf Küchenkrepp abtropfen lassen.

Zum Servieren ist eine große *paella*-Pfanne oder eine runde Platte am besten geeignet. Die Fische nach Arten getrennt auf der Platte anordnen. Dabei die Bereiche durch leuchtendgelbe Zitronenspalten optisch voneinander abheben. Einige Petersilienzweige in die Mitte legen und sofort servieren. Reichen Sie dazu einen Weißwein aus Rueda. In diesem Weinbaugebiet zwischen Valladolid, Avila und Segovia werden qualitätvolle Weißweine aus Verdejo-Trauben hergestellt.

Fritos de Pescado a la Malagueña

CARABINEROS CON WHISKY

FLAMBIERTE RIESENGARNELEN

Den Namen *carabineros* (Grenzpolizisten) verdanken die intensiv roten Riesengarnelen ihrer leuchtenden Farbe. Roh haben Garnelen eine rosa, braunrote oder grünlich braune Farbe. Sie verändern ihre Farbe durch den Garvorgang und werden rot. Garnelen gibt es in verschiedenen Größen; sie können über 20 cm lang werden. Man verfeinert sie mit Weinbrand, Rum und neuerdings auch importiertem Whisky. Dieses Gericht wird noch köstlicher, wenn Sie statt der Riesengarnelen den mit dem Hummer verwandten Kaisergranat nehmen.

FÜR 4 PERSONEN

1 kg Riesengarnelen, roh, geschält
3–4 EL Olivenöl
1 Zwiebel, feingehackt
250 g reife Tomaten, enthäutet, entkernt und gehackt oder 200 g Tomaten aus der Dose (mit Saft)
3/4 TL Salz
4 EL schottischer Whisky

Zwei Eßlöffel Öl in einem Topf erhitzen und die Zwiebel hineingeben, langsam darin weich dünsten. Die gehackten Tomaten hinzufügen und köcheln lassen, bis sie zu einer Sauce eingekocht sind. Ein bis zwei Eßlöffel Öl in eine Pfanne geben und die geschälten Garnelen darin etwa 4 Minuten (je nach Größe) braten, dabei gelegentlich umrühren. Mit Salz bestreuen.

Den Whisky in einer Schöpfkelle erwärmen, anzünden und vorsichtig über die Garnelen gießen. Die Sauce über die Garnelen geben und sofort servieren.

PIXIN A LA ASTURIANA

ASTURISCHER SEETEUFEL IN CIDRE-SAUCE

In Asturien an der Nordküste heißt der Seeteufel *pixin*. Er ist ein fester Bestandteil der spanischen Küche. Sein grätenloses Fleisch und das an Muscheln erinnernde Aroma hat ihn auch über Spaniens Grenzen hinaus zu einem beliebten Fisch gemacht. Das Einweichen der gebratenen Kartoffeln in Sauce, statt sie knusprig zu essen, ist übrigens typisch spanisch.

Mit einem beliebigen Weißfisch, wie beispielsweise Schellfisch, zubereitet, entsteht aus diesem feinen Gericht ein ausgezeichnetes, preiswertes Essen für die ganze Familie.

FÜR 4 PERSONEN

650 g Seeteufel
250 g kleine Venusmuscheln, unter fließendem Wasser gespült
2 Äpfel (nach Belieben 4), geschält, entkernt und gehackt
1 Zwiebel, gehackt
2 Knoblauchzehen, feingehackt
1 reife Tomate, enthäutet, entkernt und gewürfelt
1 TL Tomatenmark
500 g Kartoffeln, croûtongroß gewürfelt
1 EL Zitronensaft
Etwa 2 EL Mehl
100 ml Olivenöl
250 ml trockener Cidre
Cayennepfeffer
Salz
Frisch gemahlener schwarzer Pfeffer

Die Zwiebel in zwei Eßlöffel Öl in einem Topf dünsten. Sobald sie weich wird, den Knoblauch hinzufügen. Das Tomatenfleisch, Cayennepfeffer und die gehackten Äpfel dazugeben. Cidre unterrühren und alles 15 Minuten dünsten. Abschmecken, eventuell Tomatenmark dazugeben, falls die Tomate nicht groß oder reif genug ist. Alles im Mixer pürieren und wieder in den Topf geben. Den Backofen auf 180 °C (Gas Stufe 2–3) vorheizen.

Vier Eßlöffel Öl bei mittlerer Hitze in einer Pfanne erhitzen und die Kartoffeln darin braten, gelegentlich umrühren. In einer Keramik- oder Servierschüssel im Ofen warm halten.

Das Fischfleisch von dem Mittelknochen abheben und in Portionsstücke teilen. Die Fischstücke mit Zitronensaft beträufeln, leicht würzen und mit Mehl bestäuben. Zwei weitere Eßlöffel Öl in die Pfanne geben und den Fisch darin goldgelb braten. In die Schüssel zu den Kartoffeln geben. Dabei ein Viertel der Kartoffeln zum Garnieren herausnehmen, den Rest mit den Fischstücken mischen.

Die Sauce wieder erwärmen, die Venusmuscheln hinzugeben und köcheln lassen, bis die Muscheln sich öffnen, dann über den Fisch geben. Das Gericht mit den beiseite gestellten Kartoffeln garnieren und 10 Minuten im Backofen ziehen lassen, damit sich die Aromen vermischen. Eine hübsche Garnierung sind auch gebratene Apfelringe. Spanischer Cidre wird kaum exportiert, trinken Sie daher zu diesem Fischgericht Ihre eigene Lieblingssorte.

GEKACHELTE KÜCHE Keramikfliesen, besonders die *azulejos* (glasierte Kacheln), werden seit dem 13. Jahrhundert als Dekoration verwendet.

MARMITAKO

EINTOPF AUS MAKRELEN UND ROTEN PAPRIKA

Diesen Schiffseintopf essen die baskischen Fischer gern. Wenn der Schiffskoch dieses Gericht zubereitet, zerdrückt er die Tomaten mit der Hand. Zu Hause kann man die Tomaten in der Küchenmaschine zerkleinern oder mit einer Gabel zerdrücken. *Marmitako* – der Name ist eine Ableitung des Wortes *marmita* (Kochtopf) – wird häufig mit Thunfisch zubereitet. Das Gericht eignet sich aber auch sehr gut zur Verwendung der preiswerteren Makrele.

Für dieses Gericht wird trockener Weißwein benötigt, um den Geschmack der vollmundigen, pikanten Paprikaschoten und des fettreichen Fischs auszubalancieren. Trockener Cidre kann ebenfalls verwendet werden. Wenn Sie allerdings nicht extra eine Flasche öffnen wollen, nehmen Sie statt dessen den Saft von drei Zitronen oder zwei Limetten. Vermutlich wurden die Tomaten erst in jüngster Zeit hinzugefügt, und es handelt sich eigentlich um die bekannte Fischsauce, die auch in baskischen Rezepten *a la vizcaina* für *bacalao* (S. 10) verwendet wird. Ältere Rezepte für den *marmitako* schreiben ein vierundzwanzigstündiges Einweichen der Paprikaschoten vor, die ursprünglich das einzige Gemüse in dieser Sauce waren.

FÜR 4–5 PERSONEN

2–3 kleine Makrelen (etwa 1 kg vor dem Putzen), filetiert (oder 500 g Thunfisch)
3 große rote Paprikaschoten, entstielt und ausgehöhlt
1 Zwiebel, gehackt
2 Knoblauchzehen, feingehackt
400 g Tomaten aus der Dose (mit Saft)
500 g Kartoffeln, in kleine Würfel geschnitten
4 EL Olivenöl
150 ml trockener Weißwein
2 TL Paprikapulver
1 getrocknete Chilischote, entkernt und gehackt
Salz
Frisch gemahlener schwarzer Pfeffer
2 EL Petersilie, gehackt

Die Paprikaschoten vierteln, dann etwa 1¾ l kochendes Wasser darübergießen und 2–3 Stunden einweichen. Das Öl in einer großen Kasserolle erhitzen. Die gehackte Zwiebel sanft darin dünsten, wenn sie knapp weich ist, den Knoblauch hinzufügen, kurz mitdünsten und Zwiebel und Knoblauch auf einen Teller geben.

Jedes Makrelenfilet in drei oder vier Stücke schneiden und kräftig würzen. Den Fisch in die Kasserolle geben und vorsichtig von beiden Seiten braten.

Den Wein mit dem Chili und dem beiseite gestellten Zwiebel-Knoblauch-Gemisch in die Kasserolle geben. Die Tomaten mit der Gabel zerdrücken und hinzufügen. Die Kartoffelwürfel obenauf schichten und mit Paprikapulver, Salz und Pfeffer bestreuen.

Die Paprikaschoten abtropfen lassen (die Flüssigkeit aufbewahren) und hacken (oder kurz in der Küchenmaschine zerkleinern) und mit so viel von der Einweichflüssigkeit in die Kasserolle geben, daß die Kartoffeln gut bedeckt sind. Etwa 20 Minuten garen, bis die Kartoffeln weich sind und die Flüssigkeit etwas eingekocht ist. Abschmecken, gehackte Petersilie unterrühren und dann den Eintopf in kleinen Suppenschüsseln servieren.

TRUCHAS CON SALSA ROMESCO

BERGFORELLE MIT PIKANTER MANDELSAUCE

Eine der ältesten Methoden Europas, Saucen zu binden, ist das Eindicken mit Haselnüssen, Mandeln und Brot. Diese pikante Mandelsauce stammt aus den Bergen Kataloniens. Vermutlich wurde sie früher mit schwarzem Pfeffer gewürzt, den die Katalanen besonders schätzen. Der rote *romesco* (s. GEWÜRZPAPRIKA S. 12), der der Sauce heute ihren Namen gibt, wurde erst im 16. Jahrhundert zusammen mit der Tomate aus der Neuen Welt eingeführt. Er ist würzig, ohne wirklich scharf zu sein.

Ein geeigneter Ersatz für diesen pikanten Gewürzpaprika ist der mexikanische *jalapeño*-Chili. Es gibt ihn in Feinkostgeschäften.

Die *romesco*-Sauce ergibt eine interessante Beigabe zu gebratenem Hähnchen oder kaltem Lachs. Meist wird sie jedoch zu gebratenem Fisch gereicht. In diesem Fall kann an die Sauce auch gebratene Fischleber gegeben werden.

FÜR 4 PERSONEN

4 Forellen, je 250–350 g, geputzt
2 EL Butter, zerlassen
2 EL Olivenöl
Salz
Frisch gemahlener schwarzer Pfeffer

SALSA ROMESCO

25 g Mandeln, blanchiert und enthäutet
25 g Haselnüsse, blanchiert und enthäutet
250 g reife Tomaten, enthäutet, entkernt und gehackt, oder 200 g Tomaten aus der Dose (mit Saft)
2 Knoblauchzehen, feingehackt
6 EL Olivenöl
1 Scheibe Brot vom Vortag
2 EL Rotweinessig
4 EL fino *Sherry*
Cayennepfeffer oder etwa 1 cm jalapeño*-Chili aus der Dose, entkernt*

Mit der Sauce beginnen. Die Nüsse bei niedriger Hitze, etwa 150 °C (Gas Stufe 1), 20 Minuten im Backofen rösten, bis sie leicht Farbe annehmen. Vier Eßlöffel Öl in einer Bratpfanne erhitzen, währenddessen den Knoblauch darin braten. Herausheben und beiseite legen. Dann das Brot beidseitig scharf braten und ebenfalls beiseite legen.

Zwei weitere Eßlöffel Öl in die Pfanne geben, dann die gehackten Tomaten mit dem Cayennepfeffer oder dem *jalapeño*-Chili darin dünsten. Rühren, bis das Ganze gut eingekocht ist. Die Nüsse hacken und im Mixer mahlen, dann Brot und Knoblauch hinzufügen und mit Essig und Sherry zu einer *picada* (würzige Paste), die man ganz zum Schluß an die Sauce gibt, pürieren. Die *picada* dann in die Sauce rühren. Nach Belieben diese im Mixer mit einigen Eßlöffeln Öl zu einer rosafarbenen Creme pürieren.

Den Grill vorheizen. Die Forelle innen und außen waschen, salzen und pfeffern. Mit Butter und Öl bestreichen und 5–7 Minuten auf jeder Seite grillen, dabei einmal wenden.

Auf vorgewärmten Tellern mit der pikanten Sauce servieren. Dazu gehört ein edler weißer Rioja alten Stils wie der Blanco *reserva* – ein eichenfaßgereifter Wein mit feinem Zitronenaroma.

BACALAO EN SAMFAINA

KABELJAU IN GEMÜSESAUCE

Die Basken garen den *bacalao* (S. 10) mit Zwiebeln und dem regionalen *chorizero*-Paprika (s. GEWÜRZPAPRIKA S. 12), die leuchtendrot und wesentlich würziger sind als glockenförmige Paprika. Das Ergebnis ist *bacalao a la vizcaina*, Spaniens berühmtestes Gericht aus getrocknetem Kabeljau.

Bei der Zubereitung dieser Köstlichkeit außerhalb des Baskenlandes enthält die Sauce oft eine große Menge Tomaten – vielleicht soll das fehlende Aroma der richtigen Paprikasorte auf diese Weise ausgeglichen werden. Aus dem gleichen Grund habe ich ein beliebtes Rezept für getrockneten Kabeljau mit Gemüsesauce auf der Basis von Tomaten ausgewählt.

Samfaina ist eine der bekanntesten Saucen Spaniens. Sie wird häufig mit Huhn zubereitet oder zu Schweinekotelett serviert; sie schmeckt aber auch allein als Gemüsegericht sehr gut.

FÜR 4 PERSONEN

500 g getrockneter Kabeljau, 24 Stunden eingeweicht (S. 10)

SAMFAINA

100 g geräucherter Speck oder Kochschinken (nach Belieben)
250 g Auberginen, geschält
1 große Zwiebel, gehackt
2 Knoblauchzehen, feingehackt
2 rote Paprikaschoten, entstielt, ausgehöhlt und in Quadrate geschnitten

750 g reife Tomaten, enthäutet und entkernt,
oder 600 g Tomaten aus der Dose (mit Saft)
1 große Zucchini, ungeschält, gewürfelt
1 Lorbeerblatt
180 ml trockener Weißwein
Etwa 125 ml Olivenöl
Salz
Frisch gemahlener schwarzer Pfeffer

Die Aubergine würfeln, mit Salz bestreuen und in einem Durchschlag 30 Minuten stehenlassen. Den Kabeljau von Haut, Gräten und verfärbtem Fleisch befreien. Den Fisch in dicke Streifen schneiden. Mit Küchenkrepp gut trockentupfen.

Die *samfaina* zubereiten: Zwei Eßlöffel Öl in einem Topf erhitzen, der groß genug für alle Zutaten ist. Zwiebel und Speck oder Kochschinken bei mittlerer Hitze dünsten, bis die Zwiebel Farbe annimmt. Dann den Knoblauch hinzufügen. Paprika, Tomaten, Wein und Lorbeerblatt dazugeben und sanft köcheln lassen, bis die Tomaten zerfallen sind. Dabei gelegentlich umrühren.

In der Zwischenzeit vier bis fünf Eßlöffel Öl in eine Bratpfanne geben und die Fischstücke darin braten, bis sie schön goldbraun sind. Dann aus der Pfanne nehmen.

Das Salz von den Auberginen spülen und diese mit Küchenkrepp trockentupfen. Eventuell mehr Öl in die Pfanne geben. Auberginen- und Zucchiniwürfel sanft darin dünsten, dabei gelegentlich wenden. Wenn sie goldgelb sind, zusammen mit dem Fisch in die *samfaina* geben und alles zugedeckt 15 Minuten köcheln lassen. Falls die Sauce zu sehr eingekocht ist, etwas Wasser oder Wein zugeben. Abschmecken und servieren.

DORF IN DEN PYRENÄEN In den Pyrenäen ist der Zugang zu vielen Dörfern schwierig geblieben. So haben sich hier das Leben und die Kochmethoden über Jahrhunderte hinweg kaum verändert.

RAPE CON MAHONESA Y ENSALADA DE ARROZ

SEETEUFEL IN MAYONNAISE MIT REISSALAT

Der Duc de Richelieu brachte 1756 nach der Eroberung des Hafens von Mahón auf Menorca die Mayonnaise mit nach Frankreich. Hatte sein Chefkoch sie dort unter Verwendung örtlicher Zutaten ersonnen oder hatte er eine spanische Erfindung entdeckt? Die Spanier bevorzugen natürlich eine Schreibweise dieser Sauce, die ihre eigene Rolle unterstreicht. Offenbar war diese Sauce aber um 1750 herum bereits in Spanien und der Provence bekannt.

Mit etwas Orangensaft, Crème double und Cayennepfeffer verfeinert und mit Tomatenketchup gefärbt, wird aus dieser Mayonnaise eine dekorative rosafarbene Sauce zu Muscheln und Krustentieren. In der Saison von Blutorangen kann man statt Tomatenketchup den roten Orangensaft nehmen. Es ist amüsant festzustellen, daß selbst Küchenchefs von Restaurants mit mehreren Michelin-Sternen außerhalb der Blutorangensaison etwas Tomatenketchup verwenden. Diese Mayonnaise paßt vorzüglich zu gekochtem Hummer und zu Seeteufel, dessen Fleisch manchmal als Hummerersatz verwendet wird, aber auch zu Kombinationen von Fisch und Krustentieren, wie Seehecht und Garnelen.

FÜR 4 PERSONEN

700 g Seeteufel
175 ml trockener Weißwein
Salz
Frisch gemahlener schwarzer Pfeffer

ROSA MAYONNAISE

100 ml dicke Mayonnaise (S. 78)
2 EL Orangensaft
1 EL Tomatenketchup
1 EL Crème double
Paprikapulver

REISSALAT

200 g Langkornreis
1 grüne Paprikaschote, entstielt und ausgehöhlt
500 g reife Tomaten, enthäutet und entkernt
4 EL Olivenöl
2 EL Weinessig
1 Knoblauchzehe, feingehackt
½ TL Dijon-Senf
extrafeiner Zucker
¾ TL Salz
Frisch gemahlener Pfeffer

Den Reis in reichlich kochendes Salzwasser geben, einmal umrühren und 15 Minuten köcheln lassen. In ein Sieb abgießen und mit kaltem Wasser spülen, um die Stärke zu entfernen. Das Sieb zwei- bis dreimal aufschlagen, damit der Reis gut abtropft. Zum Trocknen den Reis auf Küchenkrepp verteilen.

Den Mittelknochen des Seeteufels entfernen, dazu an beiden Seiten des Mittelknochens entlangschneiden. Die Haut, einschließlich der weißen am Bauch, abziehen. Die Fischfilets, Schwanz- an Kopfende, in eine kleine ovale Pfanne oder Kasserolle legen. Mit Weißwein bedecken, vorsichtig zum Kochen bringen und 8 Minuten bei geringer Hitze garen, dann abgießen und abkühlen lassen.

Die Paprikaschote in kleine Würfel schneiden. Das Fruchtfleisch der Tomaten würfeln. Aus den restlichen Zutaten eine Vinaigrette herstellen. Den Reis würzen, Paprikaschote und Vinaigrette damit vermischen. Die Tomaten erst im letzten Moment unterheben, sie ziehen sonst Saft und verwässern den Reis.

Alle losen Stückchen vom Fleisch abschneiden und gehackt in den Reis geben. Dann jedes Filet in acht gleichmäßige Stücke schneiden. Orangensaft, Tomatenketchup, Crème double und eine Prise Paprikapulver unter die Mayonnaise rühren. Auf einer Servierplatte den Reis anrichten, die Fischstücke daraufsetzen und jedes Stück mit Mayonnaise überziehen. Den Fisch mit etwas Paprika überstäuben.

Dies ist ein leichtes Sommergericht; reichen Sie dazu einen ebenso leichten, sommerlichen Weißwein, wie den Viña Sol. Er ist frisch und trocken, mit einem feinen Zitronenaroma.

VIEIRAS DE SANTIAGO

GRATINIERTE JAKOBSMUSCHELN

Die Jakobsmuscheln Galiciens sind riesig, oft sind gigantische acht Jahre alte Exemplare dabei, und das Fleisch einer einzigen Muschel ergibt dann eine ganze Portion. Die Jakobsmuschel wurde nach dem Apostel Jakobus benannt, dem Schutzheiligen der Fischer, dessen angebliches Grab in Santiago de Compostela entdeckt wurde. In fast allen Restaurants der Altstadt von Santiago wird dieses Gericht an Jakobi (25. Juli) angeboten.

FÜR 4 PERSONEN

400 g Jakobsmuscheln ohne Schale oder besser 2–3 nicht zu kleine Jakobsmuscheln in der Schale pro Person
1 Zwiebel, feingehackt
3 Knoblauchzehen, feingehackt
200 g reife Tomaten, enthäutet, entkernt und gehackt, oder 175 g Tomaten aus der Dose (mit Saft)
125 ml Weißwein oder kräftige Fischbrühe
4 EL aquardiente *oder anderer spanischer Weinbrand*
1 EL Butter
3 EL Öl
1 TL Paprika
Cayennepfeffer oder ½ getrocknete Chilischote, entkernt und gehackt
Salz
Frisch gemahlener schwarzer Pfeffer
2–3 EL Paniermehl
1 EL Petersilie, feingehackt

Zum Öffnen der Muscheln eine Messerklinge zwischen Ober- und Unterschale schieben, die Muschel leicht öffnen, das Messer nach unten schieben und den Muskel durchschneiden. Jetzt läßt sich die flache Schale entfernen. Die Muschel aus der gewölbten Schale heben und das weiße Muschelfleisch (»Nuß«) vom orangefarbenen Rogen *(corail)* trennen. Alle dunklen Teile entfernen und Muschelfleisch und Rogen gut waschen.

Die Butter mit einem Eßlöffel Öl in einer Pfanne erhitzen und das weiße Muschelfleisch von jeder Seite 2 Minuten braten. Dann den Rogen hinzufügen und kurz in der Butter wenden. Tiefgefrorene oder fertig aus der Schale gelöste Jakobsmuscheln haben die Tendenz, Wasser zu ziehen. Diese daher nach dem Garen herausnehmen, die Flüssigkeit einkochen lassen und Muschelfleisch und -rogen wieder in die Pfanne geben. Den *aquardiente* oder Weinbrand anwärmen, anzünden und über das Muschelfleisch geben. Dann die Muscheln in die gewölbten Schalen oder kleine, hitzefeste Schälchen füllen.

FENSTER IN GRANADA Der Stuck gibt dem Ganzen Farbe.

Zarzuela *(umseitig [S. 94])*.

Zwei Eßlöffel Öl zum Muschelfond in die Pfanne geben und die Zwiebel darin weich dünsten, zum Schluß den Knoblauch hinzufügen. Gehackte Tomaten, Paprika und Cayennepfeffer oder Chili dazugeben und einkochen lassen. Mit dem Wein oder der Fischbrühe befeuchten, würzen und über das Muschelfleisch geben. Paniermehl und Petersilie mischen und dünn darüberstreuen. Unter dem Grill die Muscheln heiß werden und das Paniermehl etwas bräunen lassen. Sofort servieren.

Dieses Muschelgericht kann als Vorspeise serviert werden – dann paßt sehr gut ein *fino* oder *amontillado* Sherry dazu – oder als Hauptgericht mit einem klassischen Rioja *reserva*.

ZARZUELA

FISCHKASSEROLLE

Die *zarzuela* ist ein typisch spanisches Theatergenre, eine Mischung aus leichter Oper und witziger Satire. Sie erhielt ihren Namen nach dem königlichen Lustschloß La Zarzuela in Madrid, wo solche Theaterstücke im 17. Jahrhundert zuerst aufgeführt wurden. Dieses katalanische Gericht ist eine kulinarische Operette – in diesem Fall aus verschiedenen Geschmacksrichtungen und Farben, Formen und Texturen. Und der darübergegossene flammensprühende Alkohol erzeugt seinen eigenen Effekt.

Vor der Aufführung müssen die zahlreichen Akte geplant werden. Ein Kochtopf, eine Pfanne und eine Kasserolle spielen dabei eine Rolle (und noch eine Schüssel, wenn Ihre Kasserolle nicht tischfein ist), aber die eigentliche Ausführung ist nicht kompliziert. Wählen Sie eine Spirituose mit Anisaroma, einen klaren *aguardiente* oder *pacharán* (S. 14). Allerdings haben manche exportierten Spirituosen einen geringeren Alkoholgehalt und eignen sich daher nicht zum Flambieren.

Die angegebenen Mengen ergeben eine Vorspeise für sechs Personen oder ein Hauptgericht für vier.

FÜR 4 PERSONEN

4 langostinos *(Kaisergranat) oder Riesengarnelen*
250 g Miesmuscheln, gesäubert (S. 96)
250 g Venusmuscheln (oder zusätzliche Miesmuscheln), abgespült
350 g beliebiger Weißfisch (nach Belieben), in 4 Portionen geteilt
4 kleine Kalmare, geputzt (S. 95), in Ringe geschnitten, Tentakelbündel ganz belassen
100 g mittelgroße Garnelen in der Schale
100 g kleine Garnelen
1 Zwiebel, gehackt
1 Knoblauchzehe, feingehackt
3 EL Petersilie, gehackt
350 g reife Tomaten, enthäutet, entkernt und gehackt, oder 300 g Tomaten aus der Dose (mit Saft)
5 EL Olivenöl
2 Lorbeerblätter, zerdrückt
Safran
125 ml fino *Sherry*
125 ml Pernod, aguardiente *oder* pacharán *(S. 14)*
600 ml kräftige Fischbrühe
Salz
Frisch gemahlener schwarzer Pfeffer

Die Fischbrühe mit Sherry und Lorbeerblättern in einem Topf erhitzen und die Miesmuscheln hineingeben. Zugedeckt einige Minuten kochen lassen, bis sie sich öffnen. Miesmuscheln herausheben, die Venusmuscheln in den Topf geben und garen. Die ungeöffneten Muscheln und die leeren Oberschalen beider Muschelsorten wegwerfen, die Brühe aufbewahren.

Mit der Saucengrundlage beginnen. Zwei Eßlöffel Öl in einer großen Kasserolle erhitzen, die später alle Meeresfrüchte aufnehmen kann. Die Zwiebel darin weich dünsten. Zum Schluß erst den Knoblauch, dann die Petersilie hineingeben. Gehackte Tomaten hinzufügen und zu einer Sauce einkochen lassen.

Drei Eßlöffel Öl in einer Bratpfanne erhitzen. Die Fischstücke würzen und bei mittlerer Hitze braten, bis sie goldgelb sind. Dabei einmal wenden. Die Kalmarringe und -tentakeln hinzufügen und kurz braten. Den Pernod, *aguardiente* oder *pacharán* in einer Schöpfkelle erwärmen, anzünden und vorsichtig über den Fisch löffeln, bis die Flammen erlöschen (oder den *pacharán* aufkochen und dann darübergießen).

Eine Prise Safran in etwas Brühe auflösen. Safran und restliche Brühe zu der Tomatensauce in die Kasserolle geben. Zum Kochen bringen, die *langostinos* und alle rohen Garnelen hinzufügen und 5 Minuten ziehen lassen, dann bereits gegarte Garnelen dazugeben. Fischstücke mit dem Bratfond und die Kalmare vorsichtig in die Kasserolle legen, dann Venus- und Miesmuscheln hinzufügen. Einige Minuten sanft köcheln lassen, dann in Suppentellern servieren.

Halten Sie reichlich Papierservietten, Hummerzangen (ersatzweise Nußknacker) und Teller für die Schalen bereit. Zum Essen der *langostinos* zunächst mit einer leichten Drehung den Kopf abtrennen. Dann den ersten Ring der Schale entfernen, das Schwanzende mit Daumen und Zeigefinger halten und das Fleisch vorsichtig herausziehen. In großen Scheren ist ebenfalls Fleisch enthalten. Man öffnet sie mit der Hummerzange (oder mit einem Nußknacker) und saugt sie aus oder holt das Fleisch mit einer Hummergabel heraus.

Der Gran Viña Sol aus Penedès, ein charaktervoller Weißwein mit Chardonnay-Anteilen und feinem Eichenaroma, paßt sehr gut zu dieser *zarzuela.*

SEPIA GUISADA CON ALBÓNDIGAS Y GUISANTES

GESCHMORTER TINTENFISCH MIT FLEISCHBÄLLCHEN UND ERBSEN

Die Katalanen sind Meister im Improvisieren; sie ersetzen eine teure Zutat einfach durch eine andere, preisgünstigere. Bei diesem Gericht aus L'Empordà, zwischen Barcelona und der französischen Grenze, handelt es sich um denselben Trick. Man könnte es auch »Arme-Leute-Kalbfleisch« nennen; denn es schmeckt wie Kalbfleisch, auf zwei Arten serviert.

Kaufen Sie möglichst einen großen Tintenfisch, denn sein Fleisch ist dicker und geschmacksintensiver als das von Kalmaren. Ein großer Kalmar aus den nördlichen Gewässern ist ebenfalls empfehlenswert. Falls Sie dennoch kleine Kalmare nehmen, heben Sie die Tentakeln für einen Salat auf und verwenden für dieses Rezept nur die Körpersäcke.

FÜR 4 PERSONEN

700 g Tintenfisch oder Kalmar
400 g Erbsen
1 Zwiebel, gehackt
6 Knoblauchzehen, feingehackt
3 EL Petersilie, feingehackt
100 g reife Tomaten, enthäutet, entkernt und gehackt
400 ml Fleisch- oder Hühnerbrühe
125 ml trockener Weißwein
1 Scheibe altbackenes Brot
125 ml Olivenöl
1 EL Mehl
Salz
Frisch gemahlener schwarzer Pfeffer

HACKBÄLLCHEN

200 g mageres Hackfleisch vom Schwein
200 g Hackfleisch vom Rind
2 Scheiben altbackenes Brot
50 ml trockener Weißwein
2 EL Zwiebel, feingehackt
1 EL Petersilie, feingehackt
Frisch gemahlener Muskat
½ TL grobes Salz
Frisch gemahlener schwarzer Pfeffer
1 großes Ei, verquirlt, zum Panieren
Mehl zum Panieren

Zum Putzen der Kalmare den Kopf an den Tentakeln langsam aus dem Körpersack ziehen, und die Tentakeln mit einem scharfen Messer unter den Augen so vom Kopf trennen, daß sie noch durch einen schmalen Ring verbunden bleiben. Aus dem Tentakelkranz von unten mit dem Zeigefinger das Kauwerkzeug herausdrücken und entfernen. Mit den Fingern in den Körpersack greifen und alles darin Verbliebene herausholen (oder den Sack vorsichtig umstülpen und säubern). Der Tintenbeutel befindet sich zwischen den Eingeweiden. Wenn Sie ein Gericht *en su tinta* zubereiten wollen, muß er sorgfältig herausgelöst werden, damit seine Tinte aufgefangen werden kann. Anschließend Körpersack und Fangarme gründlich unter fließendem Wasser waschen und dabei auch die Membran abreiben.

Bei kleinen Tieren den Körpersack in Ringe schneiden und die Tentakeln als Bündel belassen; bei großen Tieren eventuell Körpersack und Tentakeln in mundgerechte Stücke schneiden.

Für die Sauce drei Eßlöffel Öl in einem tiefen Kochtopf erhitzen, das Brot bei großer Hitze darin goldgelb braten, grob zerkleinern und in den Mixer geben. Etwas Öl in den Topf geben und die Zwiebel darin dünsten. Wenn sie weich wird, den Knoblauch und die Petersilie hinzufügen und kurz mitdünsten. Dann alles in den Mixer geben und pürieren. Dies ist die *picada.*

Das Mehl in den Topf geben (eventuell etwas Öl zugeben) und bei mittlerer Hitze anschwitzen, bis es bräunt. Dies ist wichtig, damit die Sauce einen dunklen, fleischigen Charakter bekommt. Die Einbrenne mit der Brühe löschen und glattrühren. Dann die gehackten Tomaten zugeben und die Sauce sanft köchelnd etwas reduzieren. Traditionell wird die *picada* zu der eingedickten Sauce gegeben, und danach wird das Ganze durch ein Sieb gestrichen. Einfacher ist es allerdings, die Sauce in den Mixer zu geben und nochmals zu pürieren. Die Sauce dann wieder in den Topf geben, erhitzen und den Wein (etwas Wein übriglassen), die vorbereiteten Meeresfrüchte und die Erbsen dazugeben. Mit Salz und frisch gemahlenem Pfeffer würzen und 15 Minuten köcheln lassen.

In der Zwischenzeit die Fleischbällchen zubereiten. Das Brot mit dem Wein beträufeln, leicht ausdrücken und mit allen restlichen Zutaten vermischen. Kräftig würzen. Bällchen in Murmelgröße formen und in verquirltem Ei rollen. Auf einen mit reichlich Mehl bedeckten Teller geben und in dem Mehl rollen. Drei Eßlöffel Öl in einer Pfanne erhitzen und die Fleischbällchen bei großer Hitze darin braten. Die Pfanne dabei regelmäßig schütteln, damit die Bällchen rundum bräunen und knusprig werden.

Die Fleischbällchen an die Sauce mit den Meeresfrüchten geben und etwa 1 Minute ziehen lassen. Mit Langkornreis servieren.

MEJILLONES A LA MARINERÍA

MUSCHELN NACH SEEMANNSART

Die galicische Küste versorgt Spanien nicht nur mit mehr als einem Viertel der Ausbeute des nationalen Fischfangs, sondern verursacht auch das feuchte, oft neblige Wetter der Region. Und dieses führt dazu, daß wärmende Speisen hier besonders geschätzt werden.

An einem kalten Tag mit böigem Wind habe ich in Muros zum ersten Mal diese würzigen Muscheln gegessen. Muros ist ein kleiner Hafen am Kap Finisterre (»Landesende«), das einstmals als Vorposten der gesamten Welt angesehen wurde.

FÜR 4 PERSONEN

1,4 kg große Miesmuscheln
1 kleine Zwiebel, gehackt
1 Knoblauchzehe, feingehackt
½ Lorbeerblatt, zerdrückt
1 EL Mehl
1 TL Tomatenmark
½ TL Paprikapulver
Cayennepfeffer
1½ EL Olivenöl
300 ml trockener Weißwein
Salz
1 TL Zitronensaft

Die Muscheln mit kaltem Wasser bedecken und die Schalen sauberbürsten. Alle Muscheln wegwerfen, die sich bei Berührung nicht sofort schließen oder beschädigt sind. Bei allen Muscheln den Bart – das sind die Byssusfäden, mit denen sie an Pfählen oder Felsen haften – mit einem Ruck abreißen und nochmals gründlich waschen.

Den Wein in einem Topf mit Deckel erhitzen und die Muscheln in drei bis vier Portionen darin dämpfen. Jede Portion zugedeckt kurz garen und die Muscheln herausnehmen, wenn sie sich geöffnet haben. Alle geschlossenen Muscheln wegwerfen. Den Sud aufbewahren. Von den Muscheln jeweils eine Schalenhälfte entfernen. Die größten Muscheln in einer ofenfesten Auflaufform anordnen. Mit einer leeren Muschel die kleineren Muschelkörper aus den Schalen lösen und in jede Muschelschale in der Kasserolle einen zweiten Muschelkörper legen.

Für die Sauce zunächst in einer kleinen Pfanne das Olivenöl erhitzen und die Zwiebeln darin bei niedriger Hitze dünsten. Sobald sie weich sind, den Knoblauch zugeben. Dann das Mehl hineinrühren und anschwitzen. Die Mehlschwitze mit dem Muschelsud löschen und das zerdrückte Lorbeerblatt dazugeben. Die Sauce mit Tomatenmark, Paprika, Cayennepfeffer, etwas Salz und Zitronensaft abschmecken. Dann die Sauce durch ein Sieb streichen und über die Muscheln in der Auflaufform geben. Die Muscheln bei niedriger Hitze unter dem Grill oder bei Mittelhitze im Backofen etwa 5 Minuten backen, bis sie heiß sind. Zu diesen pikanten Muscheln empfiehlt sich als Durstlöscher ein kühles spanisches Bier.

FISCHERNETZE IN EINEM HAFEN AM MITTELMEER Spaniens Häfen liegen am Atlantik und am Mittelmeer. Fischliebhaber kommen hier in den Genuß der kulinarischen Schätze beider Meere.

PULPO A LA FERIA

PIKANTER KRAKENSALAT

Der achtarmige Krake ist im Norden Spaniens sehr populär. An Jakobi (25. Juli) stehen auf den Theken aller Bars in Santiago pupurfarbene Kraken. Sie sehen mit ihren vielen gekringelten Fangarmen aus wie Perücken. Ein Krake wird immer so angerichtet, daß seine dekorativ gekringelten Fangarme den Blickfang bilden. Und daneben sind die Holzteller gestapelt, auf denen die Kraken traditionell serviert werden.

Ob das weiße, feste Fleisch eher nach Kaninchen, Huhn oder Thunfisch schmeckt, ist schwer zu entscheiden. Spanische Köche geben immer einige Flaschenkorken in das Kochwasser, damit es zarter wird.

FÜR 4–6 PERSONEN

750 g – 1 kg Kraken
1 große Zwiebel
1 Knoblauchzehe, feingehackt
75 ml Olivenöl
1 TL Paprikapulver
Cayennepfeffer
Grobes Salz
Frisch gemahlener schwarzer Pfeffer
Glatte Petersilienblätter zum Garnieren

Zum Putzen den Kraken mit ausgestreckten Fangarmen auf die Arbeitsplatte legen. Dann knapp unter den Augen rundum die Haut einschneiden und vorsichtig an den Fangarmen ziehen, damit die Eingeweide mit dem Tintensack aus dem Körpersack herauskommen. Diese wegwerfen, dann Fangarme und Körpersack sorgfältig waschen. Mit einem scharfen Messer den Schnabel herausschneiden.

Zum Entfernen der Haut die Handflächen mit grobem Salz bedecken und die Tentakeln damit abreiben. Die Haut der Kalmare ist zäher als die der Tintenfische, und wenn man sie ablöst, bleibt häufig etwas Fleisch daran hängen. Jeder Saugnapf enthält einen kleinen Muskelring, bei großen Saugnäpfen muß man diesen entfernen. Spanische Fischer schlagen die Kraken gegen einen Felsen oder Stein, damit ihr Fleisch zarter wird.

Aber es ist einfacher, ihn mit einem Fleischklopfer zu bearbeiten, dabei mehrmals wenden. Körpersack und Tentakeln in mundgerechte Stücke schneiden und diese mit einer Zwiebel in kochendes Wasser geben. Dann köcheln lassen, bis sie gar sind (etwa 45 Minuten). Ab und zu testen, ob das Fleisch weicher geworden ist. Den Herd ausschalten und die Stücke weitere 15 Minuten im Wasser ziehen lassen.

Alle Zutaten für die Marinade in einer Servierschüssel vermischen und abschmecken. Sie sollte ausgesprochen pikant sein. Die Krakenstücke hineingeben und gut mit der Marinade mischen. Den Salat mit Petersilienblättern und ein paar Tentakelspitzen garnieren. Sie können ihn warm oder kalt servieren.

HEIMKEHR VOM MARKT Extreme Frische wird beim Fisch hoch bewertet. Ein frisch gefangener Fisch kann schon wenige Stunden später auf dem Markt gekauft und in der Küche zu einem köstlichen Gericht zubereitet werden.

FLEISCH, WILD UND GEFLÜGEL

Festliche Anlässe krönt häufig ein saftiger Braten, originelle Wild- und Geflügelgerichte gehören in Spanien eher zur schmackhaften täglichen Ernährung.

Cordero Asado con Alioli de Membrillo *(S. 101)*.

Keine europäische Küche ist so eigentümlich wie die Fleischküche der Spanier. Die spanische Küche versteht meisterhaft mit Wild und Schweinefleisch umzugehen; Rindfleisch dagegen spielt eine untergeordnete Rolle. Die Mauren hinterließen die Vorliebe für exotische Gewürze wie Zimt und Safran und die Geschmackskomponente »süß-sauer«, die durch die Einführung der roten Paprikaschoten einen neuen Akzent erhielt. Mit der Eroberung der Neuen Welt kam Paprika hinzu, ein Gewürz, das zusammen mit den heißgeliebten Mandeln vielen Saucen ihren charakteristischen Geschmack verleiht. Und außerdem verstehen es die Spanier hervorragend, Fett so mit anderen Zutaten zu kombinieren, daß seine schwere Verdaulichkeit durch die in den Gerichten enthaltene Säure wunderbar ausgeglichen wird.

Die festliche Küche mit ihren vorzüglichen Braten und vielerlei Gegrilltem ist beeindruckend. Lämmer, die in den Bergen Zentral- und Westspaniens weiden, liefern vorzügliches Fleisch. Milchlämmer und -zicklein *(chotos)* – so klein, daß ein Schlegel nur eine Portion ergibt – sind traditionelle Osteressen. Auf den Märkten verkauft man zur Weihnachtszeit drei Wochen alte Milchferkel. Sie gehören zu den Spezialitäten in Segovia; dort pflegte der Küchenchef Cândido sie mit dem Tellerrand zu zerlegen, um zu zeigen, wie zart ihr Fleisch war. Brathähnchen werden an Wochenenden auf den *plazas* der Dörfer und Städte im Süden des Landes verkauft. Und geschmortes Federwild, mit köstlichen Füllungen aus seinen eigenen Innereien, ist ein geläufiges Sonntagsessen auf dem Land.

La plancha ist eine Gartechnik, die weitaus verbreiteter ist als der Grill. Es handelt sich hierbei um ein über Holzkohle liegendes Blech, auf dem das Fleisch gebraten wird. Diese Vorrichtung findet man in jeder traditionell eingerichteten spanischen Küche, und sie ist auch in moderne Herde eingebaut. *A la plancha* werden die vorzüglichen *chuletas de cerdo* (Schweinskoteletts) mit einer Spur Paprika zubereitet.

Ein anderes traditionsreiches Küchengerät ist der Siedtopf zum langsamen Kochen von Fleisch, der *olla* oder *puchero*. »Der kochende *olla* verströmt einen Duft, den nicht einmal Veilchen übertreffen«, schrieb Richard Ford. Jede Region hat ihren eigenen Namen für diesen Topf; treffend ist auch die Bezeichnung *olla podrida* – was soviel heißt wie »zerfallender Topf« –, denn das lange Sieden läßt das Fleisch zart und mürbe werden.

Falls es ein Nationalgericht gibt, dann ist es der *cocido madrileño* (S. 104). Traditionell ließ man die unterschiedlichsten Fleischsorten einen ganzen Tag köcheln. Es handelt sich dabei nicht um einen Eintopf oder ein Fleischgericht mit Sauce, sondern um Siedfleisch mit reinen, elementaren Geschmacksnuancen. Eine wunderbar klare Brühe *(caldo)* wird dabei mitproduziert, die separat als Suppe gereicht wird.

Der *cocido* ist jüdischen Ursprungs; man ließ das Fleisch den ganzen Sabbat über leise kochen. Nach der Eroberung Granadas 1492 waren die Juden zwar vertrieben worden, der *cocido* jedoch wurden zum festen Bestandteil der spanischen Kost. Er wurde ergänzt mit Schweinefleisch und Würsten. Weil er ausschließlich aus Fleischzutaten bestand, war er ein Gericht der reichen Oberschicht, bis im 18. Jahrhundert dann die Kichererbsen und Kartoffeln hinzukamen – mit der Konsequenz, daß dieses Gericht die soziale Stufenleiter hinabglitt. Der *cocido* wurde zu einem sättigenden Gericht und lieferte mehrere Gänge und die Mahlzeiten für eine halbe Woche. Das Fleisch wurde nämlich als *ropa vieja* (alte Kleider) anderntags wieder aufgewärmt.

Kräftige Eintöpfe gehören zur bäuerlichen Tradition. Oft werden sie aus Federwild oder Kaninchen zubereitet. Aus *carne de buey* (Ochsenfleisch) und *carne de vaca* (Rindfleisch) lassen sich köstliche Eintöpfe herstellen. Der *rabo de toro al Jerez* (in Sherry geschmorter Ochsenschwanz) erinnert an den Stierkampf. *Toro de lidia,* das Fleisch der Kampfstiere, darf jedoch nicht von gewöhnlichen Metzgereien verkauft werden.

Früher war es nicht ungewöhnlich, wenn man unter der Landbevölkerung Menschen traf, die noch nie Fleisch gegessen hatten – außer vielleicht Speck, *chorizo* oder Federwild. Und noch immer spielen Speck, *chorizos* und Federwild in der ländlichen Küche eine wichtige Rolle. Aber auch Schweinefleisch hat seinen festen Platz auf dem Speiseplan. Das Schwein wird vom *matancero* geschlachtet. Die *matanza* (Schlachtung), die traditionell Mitte November erfolgt, sorgt für preiswertes Fleisch zum Pökeln und eine Reihe verschiedener Würste als Verpflegung für den Winter; außerdem liefert sie das Fleisch für den hochgeschätzten rohen Schinken. Pökelfleisch ist die Grundlage für viele klassische Gerichte, und Schweinefett wird häufig für Gemüsegerichte verwendet; es läßt sie üppiger erscheinen, als sie tatsächlich sind.

Innereien sind in Spanien äußerst beliebt. Daran änderte sich nichts, als die Menschen wohlhabender wurden. Aus *callos* (geschmorte Kutteln) werden *tapas* zubereitet. Und in dörflichen Restaurants sind Schweinsfüße in Aspik mit Kichererbsen oder *chanfaina,* ein Eintopf aus Estremadura mit den Innereien des Schweins, immer noch sehr begehrt. Besonders Leber *(hidago)* wird gern allein oder zusammen mit dem Fleisch des Tieres serviert, von dem sie stammt. Und Nieren in Sherry (S. 23) sind weltberühmt.

CORDERO ASADO CON ALIOLI DE MEMBRILLO

LAMMKEULE MIT QUITTEN-ALIOLI

Geschmortes Lammfleisch ist ein typisch spanisches Gericht. Und die fruchtige Sauce dazu stammt aus den Pyrenäen. Die Katalanen sind Meister im Zusammenstellen ungewöhnlicher Zutatenkombinationen mit brillanten Ergebnissen. Diese Sauce kann auch mit Birnen zubereitet werden. Ein Pflaumen-*alioli* paßt übrigens wunderbar zu Putenbraten.

Die Lammkeule sollte nicht zu groß sein und den ganzen Knochen enthalten. Das Fleisch sollte frisch sein und Zimmertemperatur haben.

FÜR 6 PERSONEN

1 Keule vom Lamm (etwa 1,5 kg)
2 Knoblauchzehen, feingehackt
1 TL Paprikapulver
¼ TL Rosmarinpulver
2 EL Öl
Salz
Frisch gemahlener schwarzer Pfeffer
180 ml Rotwein

QUITTEN-ALIOLI

400 g Quitten, gedünstet, oder Quittenpaste
(dulce de membrillo *in spanischen Geschäften,*
cotognata *in italienischen Delikatessenläden)*
4 Knoblauchzehen, feingehackt
½ TL Salz
1 EL Zitronensaft (falls Quittenpaste verwendet wird)
Etwa 100 ml Olivenöl

Zuerst den Backofen auf 230 °C (Gas Stufe 5) vorheizen. Den Unterschenkel von der Lammkeule abtrennen und das Fett wegschneiden. Dann den Knoblauch mit ½ Teelöffel Salz zerdrücken und Paprika, Rosmarin und Öl hinzufügen. Mit dieser Marinade das Fleisch bestreichen. Die Lammkeule in einen gerade ausreichend großen Bräter geben und das abgeschnittene Fett und den abgetrennten Unterschenkel dazulegen.

Ohne Deckel die Lammkeule im Ofen braten, währenddessen die Backofentür nicht öffnen. Nach etwa 10 Minuten das Fleisch mit dem Fett aus dem Bräter bestreichen, den Wein dazugeben und das Fleisch nochmals bestreichen. Den Backofen auf 180°C (Gas Stufe 2–3) herunterschalten. Man rechnet mit einer Garzeit von 15 Minuten pro 500 g Lammfleisch; eine Lammkeule von 1500 g entsprechend etwa 45 Minuten garen lassen, dabei gelegentlich mit dem Bratenfond bestreichen.

GRASENDES SCHAF Weideland findet sich hauptsächlich in den bergigen Gebieten Zentral- und Nordwestspaniens.

In der Zwischenzeit den *alioli* zubereiten. Dazu Knoblauch im Mörser mit Salz sorgfältig zu einer glatten Paste verarbeiten, darauf achten, daß dabei keine kleinen Stückchen erhalten bleiben. Die gedünsteten Quitten abtropfen lassen und mit zwei Eßlöffeln Saft (oder die Quittenpaste mit dem Zitronensaft) in den Mixer geben, pürieren, die Knoblauchpaste hinzufügen und nochmals mixen. Den Mixer laufen lassen und nach und nach das Öl hineinträufeln. Wenn Sie frische Quitten verwenden, erhalten Sie eine glatte, rosafarbene »Mayonnaise«. Quittenpaste ist geschmacksintensiver als gedünstete Quitten und trotz des hohen Zuckergehalts erstaunlich wohlschmeckend.

Nach etwa 45 Minuten die Backofentür öffnen, den Bräter nach vorn ziehen und die Lammkeule 10 Minuten ruhen lassen. Den Bratenfond in eine Schüssel füllen und das Fett abschöpfen. Beim Tranchieren sollten Sie etwa einen Eßlöffel Fond über jede Portion geben. Den *alioli* in einer Sauciere reichen. Zu dieser Lammkeule paßt sehr gut ein Cabernet Sauvignon.

CORDERO EN AJILLO PASTOR

LAMMTOPF NACH HIRTENART

Die Methode, Saucen mit Brot zu binden, stammt von den Römern, und den Safran und die Vorliebe für gut gewürzte Speisen führten die Mauren ein. Dieses Lammragout aus den Bergen oberhalb von Jaén in Andalusien enthält vielerlei Geschmackszutaten, aber kein Gemüse.

Lämmer werden in Spanien sehr jung geschlachtet. In den Bergen hackt man das Fleisch mit den Knochen, und auch die Innereien werden mitverwendet. Das Lammherz kann nach Belieben durch zusätzliches Fleisch ersetzt werden.

FÜR 6 PERSONEN

1 kg Lammfleisch, gewürfelt, Fett und Knorpel entfernt
200 g Lammleber, gewürfelt
1 Lammherz, halbiert
2 Scheiben Brot, in Stücke zerteilt
8 Knoblauchzehen
15 schwarze Pfefferkörner
Safranpulver, in 2 EL heißem Wasser aufgelöst
2 Nelken
Einige Thymianzweige oder ½ TL getrockneter Thymian
500 ml trockener spanischer Weißwein oder
50 ml trockener Sherry und 400 ml trockener Weißwein
1 EL Weißweinessig
5 EL Olivenöl
Salz

Das Öl in einer Kasserolle erhitzen. Sechs Knoblauchzehen schälen und halbieren oder dritteln und mit den Fleischwürfeln bei großer Hitze in zwei bis drei Portionen anbraten. Das Fleisch herausnehmen, sobald es gebräunt ist. In der Zwischenzeit das Herz waschen, mit Küchenkrepp trockentupfen und in Streifen schneiden. Dabei Fett und Herzklappen entfernen. Mit der Leber in die Kasserolle geben und braun braten. Dann mit dem anderen gebratenen Fleisch beiseite stellen.

Die Brotstücke im restlichen Öl braten und die zwei übrigen Knoblauchzehen feingehackt hinzufügen, kurz mitbraten und alles in einen Mixer geben. Die Pfefferkörner, Safranlösung und den Essig dazugeben und alles zu einer Paste pürieren. Etwas Wein dazugeben, falls die Paste zu dick sein sollte.

Den restlichen Wein in die Kasserolle geben und unter Rühren bei niedriger Hitze den Fond lösen. Diese Flüssigkeit zu der Paste in den Mixer geben und alles auf Stufe 1 mixen.

Das Fleisch wieder in die Kasserolle geben, mit Salz würzen, Nelken und Thymianzweige dazwischenlegen und die Sauce aus dem Mixer darübergeben. Zugedeckt auf dem Herd (oder im Backofen bei 180 °C [Gas Stufe 2–3]) 45 Minuten sanft garen, bis das Fleisch zart und die Sauce etwas reduziert ist. Mit *patatas fritas* (Pommes frites) servieren.

In Spanien würde man dazu sicherlich einen roten Jumilla aus dem Weinanbaugebiet in den Provinzen Murcia und Albacete trinken. Er ist wie viele Weine des Südens sehr alkoholreich und säurearm. Dieses Gericht ist jedoch so ausgezeichnet, daß es einen vorzüglichen Penedés aus Katalonien verdient, wie den körperreichen trockenen Gran Coronas.

CARNE CON CASTAÑAS Y PERAS

RINDFLEISCH MIT KASTANIEN UND BIRNEN

Dies ist ein wunderbar herbstliches Ragout mit einer nussigen Sauce, typisch für Katalonien. In diesem Fall wird das Mandelpüree durch frische Kastanien ergänzt. Dazu kommen auch noch Birnen mit einer überaus effektvollen Note von Zimt.

FÜR 4 PERSONEN

1 kg Rindfleisch zum Schmoren
250 g Kastanien
4 Birnen, geschält, geviertelt und das Kerngehäuse entfernt
Zimtpulver
Zucker
180 ml trockener Weißwein
2–3 reife Tomaten, enthäutet, entkernt und gehackt
100 ml Olivenöl
6 geröstete Mandeln (S. 88)
1 Scheibe altbackenes Brot (ohne Kruste)
1 Knoblauchzehe, feingehackt
1 EL Mehl
Salz
Frisch gemahlener Pfeffer

Jede Kastanie kreuzweise einschneiden und in einen Topf geben. Mit Wasser bedeckt zum Kochen bringen. Nun 20 Minuten köcheln lassen. Die Birnen in etwas Wasser mit etwas Zimt und Zucker dünsten und beiseite stellen.

Das Rindfleisch quer zur Faser in fingerdicke Scheiben und anschließend in Streifen schneiden. Leicht salzen und pfeffern. In einer Kasserolle drei Eßlöffel Öl erhitzen und das Fleisch portionsweise anbraten. Falls es Wasser zieht, das Fleisch herausnehmen und die Flüssigkeit verkochen lassen, dann das Fleisch weiterbraten. Zuletzt alle angebratenen Portionen in die Kasserolle geben und den Wein und dieselbe Menge Wasser dazugeben. Zugedeckt 45 Minuten leise schmoren lassen. Dabei gelegentlich prüfen, ob noch genügend Flüssigkeit im Topf ist.

In der Zwischenzeit die Sauce vorbereiten. Dazu zwei bis drei Eßlöffel Öl in einen kleinen Topf geben, darin die gehackten Tomaten dünsten und zu einer dicken Sauce einkochen lassen. Das Brot mit dem Knoblauch in Öl braten und anschließend mit den Mandeln im Mixer zu einer Paste pürieren. Die Kastanien schälen, dabei auch von der faserigen braunen Haut befreien, und mit der Gabel zerdrücken. Die Brot-Mandel-Paste in die Tomatensauce rühren. Vergewissern Sie sich, daß das Fleisch gar und der Fond gut eingekocht ist. Die Tomatenmasse und die zerdrückten Kastanien unter das Fleisch rühren. Die Sauce sollte jetzt gut am Fleisch haften. Zum Schluß die Birnen in das Ragout geben und alles erhitzen. Servieren Sie dazu einen reichhaltigen Rotwein wie den Raimat Abadia oder einen Rioja *reserva*.

TERNERA CON ALCACHOFAS A LA CÓRDOBESA

KALBFLEISCH MIT ARTISCHOCKEN AUS CÓRDOBA

Die andalusische Stadt Montilla gab sowohl dem *amontillado* Sherry seinen Namen als auch dem Montilla-Wein (s. SHERRY S. 16). Letzterer ist ein »Doppelgänger« des Sherry – die Trauben für diesen Wein wachsen im Weinbaugebiet um die Bergstädte Montilla und Moriles ebenfalls auf Kalkboden. Sein natürlicher Alkoholgehalt liegt bei etwa 15 Prozent. Anders als der Sherry wird der Montilla häufig ungespritet abgefüllt. Man trinkt ihn als Aperitif, und besonders der *fino* eignet sich vorzüglich zum Kochen. Er harmoniert wunderbar mit den Kalbsschnitzeln dieses Gerichts aus Córdoba. Reste vom Schweinebraten können, auf diese Weise zubereitet, in ein ebenso köstliches Gericht verwandelt werden.

FÜR 4 PERSONEN

8–12 kleine Kalbsschnitzel (etwa 600 g)
6 frische Artischocken oder 400 g Artischockenböden aus der Dose (mit Saft)
2 EL Olivenöl
2 EL Schweineschmalz oder Butter
1 Zwiebel, feingehackt
2 Knoblauchzehen, feingehackt
125 ml trockener oder halbtrockener Montilla-Wein oder Sherry
150–250 ml Fleisch- oder Hühnerbrühe
Salz
Frisch gemahlener schwarzer Pfeffer

Die frischen Artischocken vorbereiten: Zuerst den Stiel abbrechen und dabei die harten Fasern aus dem Boden herausziehen. Dann den Rest des Stiels und die äußeren zähen Blätter abschneiden (am besten mit einer Küchenschere) und die Artischocke mit einem scharfen Messer um ein Viertel stutzen. Die Schnittflächen mit Zitrone abreiben, damit sie nicht unansehnlich braun werden. In reichlich Salzwasser gar kochen. Artischocken benötigen je nach Größe etwa 30 bis 40 Minuten Garzeit (Garprobe: eines der großen Blätter muß sich leicht herauszupfen lassen). Wenn sie gar sind, mit der Unterseite nach oben abtropfen und abkühlen lassen. Dann alle Blätter abzupfen, das »Heu« mit sanftem Druck des Daumens oder mit einem Löffel entfernen und die Artischockenböden vierteln.

Öl und Schmalz oder Butter in einer großen Kasserolle erhitzen und die Zwiebel darin bei niedriger Hitze langsam weich dünsten, am Schluß den Knoblauch hinzufügen. Das Fleisch kräftig würzen, die Hälfte der Kalbsschnitzel in den Topf geben und bei großer Hitze beidseitig goldbraun braten. Dann herausnehmen und die restlichen Kalbsschnitzel braten. Anschließend die beiseite gestellten Schnitzel wieder in die Kasserolle geben und den Sherry oder Montilla darübergeben und einkochen lassen.

Mit der Brühe ablöschen (nur die Hälfte der Brühe bei Artischockenböden aus der Dose) und das Ganze zum Kochen bringen. Dann die geviertelten Artischockenböden hinzufügen und ein paar Minuten leise köcheln lassen, bis die Artischocken heiß sind. Als Aperitif ist hier natürlich ein trockener Montilla geeignet, und zum Essen paßt sehr gut ein Wein aus Chiclana in der Nähe von Cádiz.

COCIDO MADRILEÑO

GEMISCHTES SIEDFLEISCH AUS MADRID

Ein *cocido* ist eine herrliche Mischung verschiedener Fleischsorten, deren Aromen sich beim Kochen vermischen. Ein Nebenprodukt des Siedfleisches ist die kräftige Brühe, die Grundlage so vieler spanischer Suppen ist. Anfang dieses Jahrhunderts gehörte der *cocido* in Haushalten der Mittelschicht zum täglichen Ritual, Ausnahmen waren nur die Sonn- und Feiertage. Auch in Arbeiterhaushalten gehörte er zu den häufig gegessenen Gerichten. Aber dort war es üblich, den Schinkenknochen mit anderen Familien zu teilen: Er wurde öfters verwendet und wanderte von Kochtopf zu Kochtopf.

Aus diesem Rezept können mehrere Gänge entstehen: Ein Gemüsegericht und eine Mischung aus Fleisch und Kichererbsen. Manchmal werden die Kichererbsen als separates Gericht mit einer Tomatensauce serviert.

Welches Fleisch nun genau der *cocido* enthält, hängt davon ab, was Ihr Metzger oder Supermarkt anzubieten hat. Allerdings wäre es Verschwendung, Schmorfleisch oder zarte Hähnchen zu verwenden. Es handelt sich hier um ein Gericht aus eher zähen, kräftig schmeckenden Fleischsorten, die nur durch das lange Kochen zart werden. Zunächst benötigen Sie gepökeltes Fleisch: traditionell Schweinebauch oder auch gepökeltes Rindfleisch; Räucherspeck im Stück; Kochschinken oder Schinken, mit oder ohne Knochen; zweitens Würste, vorzugsweise geräucherte, und Blutwurst; drittens ein Stück frisches Fleisch – ein Suppenhuhn, frischen Schweinebauch oder ein Stück abgehangenes Beinfleisch vom Rind (als Ersatz für gepökeltes Rindfleisch); und schließlich einen Markknochen und einen Schweinsfuß, damit die Brühe kräftig wird.

Die Gemüse werden mit den Würsten in einem separaten Topf gegart – glücklicherweise, denn wer besitzt schon einen ausreichend großen Topf für alle Zutaten?

FÜR 8 PERSONEN

500–750 g gepökelte Rinderbrust (oder -schlegel), im Stück (ein paar Tage vorher beim Metzger bestellen)
250 g gepökelter Schweinebauch oder durchwachsener Räucherspeck oder frischer Schweinebauch im Stück
600 g Knochen von der Pökelhachse oder vom Schinken (mit Fleischresten)
½ Suppenhuhn
600 g Markknochen vom Rind
1 Schweinsfuß, vom Metzger halbiert
2 chorizos *(S. 11) zum Kochen oder andere geräucherte Würste oder Kabanossi*
1 morcilla *(S. 14) oder etwa 200 g Blutwurst (künstliche Haut abgezogen)*
250 g Kichererbsen
5 Knoblauchzehen
2 Lorbeerblätter
8 schwarze Pfefferkörner, zerdrückt
1 kleine Zwiebel, mit 2 Nelken gespickt
700 g Wirsing oder Spinat
2 Möhren, geschält und in Stücke geschnitten
2 Porreestangen, geputzt und in Stücke geschnitten
8 eigroße Kartoffeln, geschält und halbiert
6 EL Reis, gewaschen
Salz

Zuerst die Kichererbsen in kochendem Wasser einweichen. Dann das Pökelfleisch mit den Knochen von der Pökelhachse in einem Topf mit kaltem Wasser langsam zum Kochen bringen, 5 Minuten köcheln lassen, damit sich überschüssiges Salz löst, dann das Wasser abgießen.

Für dieses Gericht benötigen Sie einen sehr großen Topf mit mindestens 6 l Fassungsvermögen. Das vorher kurz abgekochte Fleisch in den Topf legen, die Knochen von der Pökelhachse und die Markknochen dazugeben und zum Schluß das Suppenhuhn mit dem Schweinsfuß darauf legen. Knoblauch, Lorbeerblätter und Pfefferkörner darüber verteilen, alles mit Wasser bedecken und zum Kochen bringen. Den sich bildenden Schaum abschöpfen. Dann die eingeweichten Kichererbsen abgießen und mit der nelkengespickten Zwiebel dazugeben. Das Fleisch und die Kichererbsen zugedeckt bei niedriger Hitze 1½ Stunden köcheln lassen. Gelegentlich überprüfen, ob genügend Flüssigkeit im Topf ist, eventuell etwas Wasser nachgießen. In diesen Topf kommen keine anderen Gemüse, denn dann wäre es später mühsam, die Kichererbsen herauszunehmen und separat zu servieren.

Den Gemüsetopf zubereiten: Den Kohl vierteln und den Strunk herausschneiden. Alle Gemüse (falls Sie Spinat verwenden, diesen erst kurz vor Ende der Garzeit zugeben) mit den *chorizos*, der *morcilla* und etwas Salz in einen Topf geben und mit Wasser bedecken. Das Ganze zum

Allee in La Mancha Tausende von Vögeln passieren Spanien auf ihren Flügen im Herbst nach Afrika und im Frühjahr nach Europa, und Wild, wie Rebhühner, Fasane, Wachteln und Kaninchen, ist zahlreich.

Kochen bringen und 25 Minuten köcheln lassen, bis die Kartoffeln gar sind.

Sobald die Gemüse kochen, etwa 1,2 l Brühe aus dem Fleischtopf durch ein Sieb in einen anderen Topf geben, wieder zum Kochen bringen, den Reis hineinstreuen und 15 Minuten kochen lassen. Diese köstliche Suppe als ersten Gang servieren.

Gemüse und Würste abgießen. Die *morcilla* und die *chorizos* in Scheiben schneiden und mit den Gemüsen auf einer Servierplatte anrichten. Sie können die Würste mit den Gemüsen zusammen mit dem Fleisch reichen oder als zweiten Gang servieren.

Das Fleisch in Scheiben schneiden und das Huhn in Portionsstücke zerlegen. Dann das Mark aus den Knochen lösen, in Scheiben schneiden und an die Kichererbsen geben. Diese zusammen mit dem Fleisch auf einer Servierplatte arrangieren und mit etwas Brühe befeuchten.

Trinken Sie zu diesem spanischen Nationalgericht einen roten Rioja. Die genaue Wahl hängt von dem verwendeten Fleisch ab: Kräftiges gepökeltes Rindfleisch, würzige *chorizos* und intensiver Wirsing verlangen nach dem Viña Pomal. Wenn Ihr *cocido* mehr in Richtung frischer Schweinebauch, Suppenhuhn und milde Würste ausbalanciert ist, sollten Sie einen elegant abgestimmten Vina Araña aus Rioja Alta wählen.

ALPARGATAS VALENCIANAS

KLEINE FLEISCHFLADEN IN WEINSAUCE MIT ZIMT

Diese kleinen valencianischen Fladen aus Hackfleisch und Schinken sind ungewöhnlich. Eine *alpargata* ist ein geflochtener Hanfschuh, bei uns besser bekannt unter dem französischen Namen *espadrille*. Die gebratenen Fladen sehen den Schuhen sehr ähnlich; denn sie werden mit Eischnee überzogen und bekommen beim Braten die charakteristische Form.

FÜR 4–6 PERSONEN

350 g mageres Schweine- oder Kalbfleisch, feingehackt oder durch den Fleischwolf gedreht
125 g roher Schinken oder Kochschinken, feingehackt oder durch den Fleischwolf gedreht
2 Scheiben altbackenes Brot (ohne Kruste)
2 Knoblauchzehen, feingehackt
3 EL Petersilie, feingehackt
3 große Eier
Salz
Frisch gemahlener schwarzer Pfeffer
Reichlich Olivenöl zum Braten

WEINSAUCE

1 Zwiebel, gehackt
1 Knoblauchzehe, feingehackt
2 EL Petersilie, feingehackt
1 EL Mehl
200 ml kräftige Fleisch- oder Hühnerbrühe
200 ml spanischer Weißwein mit Eichenaroma oder trockener Weißwein, 2 : 1 gemischt mit trockenem Montilla-Wein *(s. SHERRY S. 16)*
1 Lorbeerblatt
Zimtpulver

Wenn Sie mit einer Küchenmaschine arbeiten, zuerst das Brot feinhacken und dann das Schweine- oder Kalbfleisch zusammen mit dem Schinken oder Kochschinken feinhacken. (Mit dem Fleischwolf umgekehrt arbeiten: zuerst das Fleisch, dann das Brot durchdrehen). Brotkrumen, Knoblauch, Petersilie und drei Eigelb an das Hackfleisch geben und kräftig würzen. Dann alles gut vermischen; es sollte eine feste Hackfleischmasse ergeben. Das Eiweiß beiseite stellen.

Aus der Hackfleischmasse mit den Händen 5 cm lange Würstchen rollen, diese flachdrücken und zu »Hanfschuhen« formen. Drei bis vier Eßlöffel Öl erhitzen und die Fladen darin auf jeder Seite 3 Minuten braten. Auf ein Blech legen und mindestens 1 Stunde kalt stellen. Die Zwiebel für die Sauce in zwei Eßlöffeln Öl goldgelb dünsten. Am Schluß Knoblauch und Petersilie hinzufügen. Den Topf schräg halten und das Öl herauslöffeln. Dann das Mehl über die Zwiebel geben und unter Rühren 1 Minute anschwitzen. Brühe, Wein, Lorbeerblatt und eine Messerspitze Zimt unterrühren und 5 Minuten köcheln lassen.

Etwa 15 Minuten vor dem Servieren das Eiweiß mit etwas Salz so lange schlagen, bis es cremig, aber nicht ganz steif ist. Die *alpargatas* damit überziehen. Nun 2–3 Minuten auf jeder Seite in reichlich Öl braten, bis das Eiweiß Farbe annimmt und das Fleisch heiß geworden ist. Die Sauce in einem weiten Topf erhitzen, die *alpargatas* hineingeben und ein paar Minuten darin ziehen lassen. In Butter gedünstete Zucchinistreifen passen gut dazu.

FABADA ASTURIANA

ASTURISCHER BOHNENEINTOPF

Die *fabada* stammt aus den Bergen Asturiens, einer der wildesten Gegenden Europas. In diesen Bohneneintopf gehören viele regionale Spezialitäten, zum Beispiel mit Eichenholz geräucherte frische Würste und der beliebte *lacón* (s. KOCHSCHINKEN S. 13). Gepökelte Ohren, Füße oder Schwänze vom Schwein und die harte *longaniza* (S. 14). Gepökeltes Schweine- oder Rindfleisch kann ersatzweise verwendet werden, ist jedoch weniger ausgefallen.

Charakteristisch für dieses berühmte Gericht ist die bunte Fleischmischung. Wie beim französischen *cassoulet* sollte fettes, gepökeltes und geräuchertes Fleisch vertreten sein. Die Menge sollte in etwa derjenigen der fertig gegarten Bohnen entsprechen, also das dreifache Trockengewicht der Bohnen ausmachen. Das eigentliche Geheimnis dieses deftigen Gerichts aber liegt darin, daß das Gemüse durch langes, sanftes Garen den Geschmack der verschiedenen Fleischsorten in sich aufnimmt. Das Fleisch ist also nicht – wie etwa die Rosinen im Kuchen – als Belohnung für das Aufessen der Bohnen zu verstehen.

Favas sind dicke weiße Bohnen. Da sie beim langen Garen leicht zerfallen, sollte auf das Einweichen verzichtet werden. Nach der traditionellen Methode wurden die Bohnen zusammen mit dem gepökelten Fleisch über Nacht eingeweicht. Auf diese Weise konnte das Pökelfleisch sein Aroma schon während des Einweichens an die Bohnen geben und brauchte nicht mehr blanchiert werden.

Pote asturiano ist ein sehr ähnliches, aber suppigeres Gericht mit frischen Gemüsen. Dafür wird ein Drittel der Bohnen gegen Kartoffeln ausgetauscht, und es kommen am Schluß noch 500 g Weißkohlachtel hinzu.

FÜR 6 PERSONEN

800 g getrocknete Puffbohnen
700 g gepökelter Schweinebauch oder gepökelte Schweineschulter oder gepökelter Schweineschlegel
700 g gepökelte Schweinshachse (die Schwarte eingeschnitten)
500 g chorizos *(S. 11) zum Kochen oder andere geräucherte Würste, wie beispielsweise Kabanossi*
180 g morcilla *(S. 14) oder Blutwurst*
1 Lorbeerblatt
6 schwarze Pfefferkörner, zerdrückt
1 TL Paprikapulver
Safranpulver (oder 1 weiterer TL Paprika)
4 Knoblauchzehen
2 EL Öl (nach Belieben)

Stellen Sie einen großen Topf mit mindestens 6 l Fassungsvermögen bereit. Die Bohnen in einer Schüssel mit reichlich kochendem Wasser bedecken. Das gepökelte Fleisch – den Schweinebauch und die Hachse – in einen Topf geben und mit kaltem Wasser bedecken. Zum Kochen bringen, das Wasser abgießen und das Fleisch in den großen Topf geben.

Die Bohnen abgießen und hinzufügen, außerdem Lorbeerblatt, Pfefferkörner, Paprikapulver und eine Messerspitze Safran. Nun 2,3 l Wasser dazugeben, denn die Bohnen können das Dreifache ihres Volumens an Wasser aufnehmen. Langsam zum Kochen bringen, dann bei sehr geringer Hitze 2 Stunden köcheln lassen. Am besten geht das mit einem großen Topf auf einer kleineren Herdplatte. Gelegentlich überprüfen, ob die Bohnen noch mit Wasser bedeckt sind, eventuell etwas Wasser zugeben. Die Bohnen nicht umrühren; sie müssen sehr vorsichtig gegart werden, damit sie nicht aufplatzen.

Die Pökelhachse und das gepökelte Schweinefleisch herausheben und auf einem Brett etwas abkühlen lassen, dann die Schwarten und das Fett entfernen. Einen Teil des Fettgewebes hacken und etwa zwei Eßlöffel davon in einer Pfanne auslassen, bis genügend Fett zum Braten ausgetreten ist (oder Öl verwenden). Den Knoblauch kurz darin braten und zu den Bohnen geben. Die in Scheiben geschnittenen *chorizos* und die Blutwurst in die Pfanne geben. Auf beiden Seiten leicht braten, dann die Würste mit dem Fett zu den Bohnen geben und vorsichtig unterheben.

Das Fleisch vom Knochen lösen und in mundgerechte Stücke schneiden. Den Schweinebauch zuerst in dicke Scheiben und dann in Streifen schneiden. Das Fleisch wieder in den großen Topf geben. Einige Minuten köcheln lassen, abschmecken und servieren. Der Bohnentopf ist ausgesprochen deftig, deshalb ist ein frischer grüner Salat die ideale Beilage. Dazu paßt ein fruchtiger Rotwein.

Trinken Sie dazu einen San Ascensio *2° año sin crianza*; dies bedeutet, daß der Wein zwei Jahre alt und nicht in Holzfässern gereift ist, oder einen Banda Azul *3° año* – den Lieblingswein Ernest Hemingways. Die meisten spanischen Weine sind Verschnittweine. In Rioja wird der Wein hauptsächlich aus einheimischen Trauben gewonnen. Je nach Lage der einzelnen Weinbaugebiete fallen die Weine unterschiedlich aus: In Rioja Alta werden die besten Rotweine hergestellt; in Rioja Alavesa haben sie einen kräftigen Charakter und in Rioja Baja ist ihr Alkoholgehalt vergleichsweise hoch.

EMPANADA DE RAXÓ

GALICISCHE PASTETE MIT SCHWEINEFLEISCH UND WURST

Pasteten sind charakteristisch für Galicien – ob an der Küste gebackene Fischpasteten mit Kamm- oder Herzmuscheln und Mais oder Fleischpasteten, wie diese mit *chorizos* in der Füllung. *Raxó* ist das galicische Wort für Schweinsrippe. Diese *empanada* ist die spanische Entsprechung zur italienischen Lasagne, genauso preiswert und viele Esser sättigend.

FÜR 8 PERSONEN

FLEISCHFÜLLUNG

1 kg Schweinsrippe, von den Knochen abgelöst und gewürfelt
3 chorizos *zum Kochen oder andere frische würzige Würste, gehackt*
180 g roher Schinken oder Kochschinken, gewürfelt
250 g Zwiebeln, gehackt
4 Knoblauchzehen, feingehackt
500 g verschiedenfarbige Paprikaschoten, ausgehöhlt und gehackt
200 g Tomaten aus der Dose (mit Saft)
2 Eier, hartgekocht und gehackt
1 g Safranpulver
1 TL Paprikapulver
2 EL Petersilie, gehackt
125 ml Olivenöl
175 ml trockener Weißwein
Salz
Frisch gemahlener schwarzer Pfeffer

WEINTEIG

400 g Mehl und zusätzlich etwas Mehl zum Bestreuen
80 g Schweineschmalz oder Margarine
80 ml Olivenöl
3 kleine Eier, davon 1 Ei zum Glasieren verquirlt
50 ml trockener Weißwein
1 TL Salz

Die Füllung im voraus zubereiten. Die Zwiebel bei mittlerer Hitze in 125 ml Olivenöl braten. Den Knoblauch hinzufügen, sobald die Zwiebel Farbe bekommt. Schweinefleisch und Schinken hinzufügen und braun braten; dabei regelmäßig umrühren. Falls nötig, zwei weitere Eßlöffel Öl dazugeben, dann die *chorizos* und die Paprikaschoten hinzufügen und alles sanft dünsten.

Tomaten, Wein, Safran, Paprikapulver und Petersilie zugeben und kräftig würzen. Nun 20 Minuten köcheln lassen, bis das Schweinefleisch zart und die Flüssigkeit verdampft und eingedickt ist. Abkühlen lassen.

Den Weinteig zubereiten. Mit der Küchenmaschine das Schmalz mit dem Mehl und dem Salz verkneten, dann das Öl, den Wein und zwei Eier unterarbeiten. Oder in die Mitte des Mehls eine Vertiefung drücken, das Fett zerlassen und in die Vertiefung geben. Alle Zutaten nun mit den Händen vermischen und zu einem glatten Teig verkneten. Dann 15–20 Minuten kalt stellen.

Den Backofen (mit einem Backblech darin) auf 190°C (Gas Stufe 3) vorheizen. Einen kleinen Bräter oder eine lange Kastenform bereitstellen, etwa 20 × 30 cm groß.

Den Teig halbieren und von einer Hälfte eine eigroße Menge abnehmen und zur anderen Hälfte geben. Diesen Basisteig für den Boden so dünn ausrollen, daß er etwas größer ist als die Form und über deren Ränder hängt, dann locker um das Nudelholz wickeln und vorsichtig in die Form drücken. Die kalte Füllung hineingeben, glattstreichen und mit gehacktem Ei bestreuen.

Den Teig so beschneiden, daß rund um die Form noch ein Rand bleibt; diesen nach innen über das Fleisch legen und mit Ei bestreichen. Die Teigportion für den Deckel ausrollen und darauflegen. Die Teigränder rundum mit einer Gabel aneinanderdrücken, das ergibt das typische Muster. Die Oberfläche mit dem restlichen Ei bestreichen und mehrmals einstechen. Auf dem heißen Backblech 40 Minuten backen. Dazu paßt frisch gekochter oder blanchierter und mit Knoblauch gebratener Kohl und als Ergänzung ein ausdrucksvoller, fruchtiger Rotwein, wie der Ribera del Duero aus Nordspanien. Aber Sie können auch einen *reserva* eines anderen regionalen Rotweins auswählen.

Empanada de Raxó *oben*, Pollo en Chilindrón *unten (S. 110)*.

POLLO EN CHILINDRÓN

POULET MIT ROTEN PAPRIKASCHOTEN, SCHINKEN UND TOMATEN

Aragonien wird manchmal »*chilindrónes*-Gegend« genannt – so populär ist dort dieses Gericht, das auch mit Lamm- und Schweinefleisch zubereitet werden kann. In »*Viaje por La Cocina Española*« (»Kulinarische Reise durch Spanien«) schildert Luis Antonio de la Vega einen Brauch, der auf die Mauren zurückgeht: Handwerker, die in einer Werkstatt mitarbeiten wollten, bewirteten ihre zukünftigen Kollegen mit diesem Gericht, um sie günstig zu stimmen. Im Lauf der Zeit wurde es dann gegessen, um einen Handel zu besiegeln.

FÜR 4 PERSONEN

1 Poulet (etwa 1,5 kg, vorzugsweise mit Mais gefüttert), geviertelt und das Fleisch von der Karkasse gelöst
200 g geräucherter Schinken oder Kochschinken, gewürfelt
1 Zwiebel, gehackt
2 Knoblauchzehen, feingehackt
3 rote Paprikaschoten, gehackt
2 Tomaten aus der Dose (abgetropft), zerdrückt
½ getrocknete Chilischote, entkernt und gehackt
2 EL Olivenöl
2 TL Paprikapulver
Salz
Frisch gemahlener schwarzer Pfeffer

Die Flügelspitzen abschneiden und die Pouletteile mit Salz und Paprikapulver einreiben. Das Öl in einer großen Kasserolle erhitzen, die Pouletteile mit der Haut nach unten hineingeben und bei mittlerer Hitze braten; das Fleisch gelegentlich wenden, bis es rundum goldgelb ist.

Während das Fleisch gart, Zwiebel und Schinkenwürfel in die Zwischenräume verteilen und mitbraten, bis sie weich sind, ab und zu vorsichtig umrühren. Mit Mais gefütterte Hühner geben viel Fett ab, möglicherweise können einige Eßlöffel Fett abgeschöpft werden, und umgekehrt könnte ein weniger fettes Huhn etwas zusätzliches Öl benötigen.

Kochendes Wasser über die gehackte rote Paprikaschote geben, 10 Minuten einweichen. Abgießen und auf Küchenkrepp abtropfen lassen. Die Paprika feinhacken oder, falls Sie eine Küchenmaschine besitzen, die Paprika kurz damit zerkleinern.

Die Pouletteile herausnehmen, wenn sie gar sind. Knoblauch, gehackte Paprika und Tomaten zusammen mit dem Chili hineingeben. Nun 4–5 Minuten dünsten und einkochen lassen. Mit Salz und Pfeffer abschmecken, das Poulet wieder dazugeben und alles 10 Minuten zugedeckt bei niedriger Hitze ziehen lassen. Kleine neue Kartoffeln schmecken gut dazu.

Dieses Pouletgericht ist ein typisch spanisches Essen. Entsprechend verlangt es nach einem Rotwein, der unverkennbar aus demselben Land stammt und das charakteristische Eichenaroma mitbringt. Der Viña Herminia Lagunilla *reserva*, zwei Jahre im Faß gereift, oder der leichtere, frische Viña Albina *reserva* sind passende Begleiter dieses pikanten Poulets.

STRASSE IN MADRID In der Nachmittagssonne wirft die Straßenlaterne ihren Schatten an die Hauswand.

PEPITORIA DE GALLINA

HÜHNERFRIKASSEE MIT MANDELSAUCE

Pepitoria ist das spanische Wort für »Mischmasch«, in der Kochkunst bedeutet es »Geflügelfrikassee«. Das maurische Rezept für dieses Gericht stammt aus dem 13. Jahrhundert. Eine *gallina* ist eine Henne. Und es ist anzunehmen, daß es sich damals um eine recht zähe handelte, denn nach dem Originalrezept wurde sie sehr lange in Brühe gegart, die dann mit hartgekochten Eiern angedickt wurde. Ursprünglich wurden Pinienkerne statt der Mandeln verwendet.

FÜR 4 PERSONEN

1 Poulet (etwa 1,3 kg, vorzugsweise mit Mais gefüttert), zerlegt (S. 22)
25 Mandeln, blanchiert und enthäutet
Safranpulver
2 Knoblauchzehen, feingehackt
1 dicke Scheibe Brot (ohne Kruste)
1 EL Petersilie, sehr fein gehackt
Etwa 50 ml Olivenöl
125 ml kräftige Hühnerbrühe
125 ml trockener Montilla-Wein (s. SHERRY S. 16)
oder fino *Sherry (S. 16)*
1 Lorbeerblatt, zerdrückt
Einige Zweige frischer Thymian
Frisch geriebener Muskat
Nelken, gemahlen
Salz
Frisch gemahlener schwarzer Pfeffer
1 TL Zitronensaft

Mit der Sauce beginnen. Die Mandeln bei niedriger Hitze, etwa 150 °C (Gas Stufe 1), im Backofen rösten, bis sie hellbraun sind und angenehm duften. Dabei gelegentlich das Blech rütteln.

Das Öl in einer großen Kasserolle erhitzen. Den Knoblauch darin braten und herausnehmen, bevor das Öl zu heiß wird. Bei großer Hitze das Brot schnell auf beiden Seiten braten und mit dem Knoblauch beiseite stellen.

Nun die Pouletteile gut würzen und in der Kasserolle braten (etwa 20 Minuten). Dabei wenden, bis alle Seiten goldgelb sind. Das mit Mais gefütterte Poulet wird Fett abgeben, ein weniger fettes Huhn benötigt vielleicht etwas zusätzliches Öl.

Die Pouletteile herausnehmen und das Fett abtropfen lassen. Den Safran in einer Tasse mit zwei Eßlöffeln heißer Brühe auflösen. Die restliche Brühe mit dem Montilla in die Kasserolle geben und unter Rühren den Bratenfond lösen. Die Pouletteile wieder in den Topf geben, Lorbeerblatt und Thymian hinzufügen und alles zugedeckt bei geringer Hitze 10 Minuten garen.

Die Sauce zubereiten. Die gerösteten Mandeln hacken und in der Küchenmaschine mahlen, dann Brot in Stükken, Knoblauch, Petersilie, Safranlösung, Muskat und Nelkenpulver hinzufügen und alles zu einer aromatischen Paste verarbeiten. Diese zusammen mit dem Zitronensaft in den Pouletfond rühren. Das Hühnerfrikassee mit knakkig frischen Zuckererbsen als Beilage servieren.

BLÜHENDE WIESE IN ESTREMADURA *(umseitig)* Der violette Teppich aus Kleeblüten verleiht ihr ein malerisches Aussehen.

PERDIZ EN CHOCOLATE

REBHUHN MIT SCHOKOLADENSAUCE

Rebhuhn, das beliebteste Federwild, ist in vielen ländlichen Küchen fast ein alltägliches Essen. Häufig fängt man sie und hält sie in Käfigen, die man außen an die Häuser hängt. Dieses Gericht sollten Sie zur Jagdsaison im September zubereiten; denn Rebhühner schmecken am besten, wenn sie jung sind. Die jungen Tiere erkennt man an ihren gelben Ständern – so heißen die Füße im Fachjargon.

Schokolade gehört in Spanien zu den gebräuchlichen Zutaten für Wildsaucen, besonders zu Kaninchen. Sie verleiht den Saucen ein köstliches, subtiles Aroma – Schokolade ist ja nicht naturgegeben süß. Dieses Rezept stammt aus Valladolid in Kastilien, ähnliche Gerichte werden aber auch entlang der Pyrenäen zubereitet. In Katalonien serviert man Schokoladensauce sogar zu Hummer.

FÜR 4 PERSONEN

2 Rebhühner, gerupft und ausgenommen
(oder 4 junge Tauben)
1 Zwiebel, gehackt
3 Knoblauchzehen, feingehackt
8 Schalotten
3 Möhren, geschält und in Stücke geschnitten
3 EL Schweineschmalz oder Olivenöl
Etwa 2 EL Mehl
3 EL Spanischer Weinbrand
250 ml Rotwein
250 ml kräftige Hühnerbrühe (200 ml zusätzlich, falls Tauben verwendet werden)
4 EL Weinessig
6 schwarze Pfefferkörner
2 Nelken
1 Lorbeerblatt
25 g bittere *Schokolade, gerieben*
Salz
Frisch gemahlener schwarzer Pfeffer

Mit Daumen und Zeigefinger in den Schlund jedes Vogels fassen, die Schlüsselbeine ertasten und am oberen Ende herausziehen. Die Rebhühner halbieren, dazu auf beiden Seiten des Rückgrats und auf einer Seite des Brustbeins entlangschneiden. Die Innenseiten mit Küchenkrepp trokkentupfen. Die Vögel mit Weinbrand, Salz und Pfeffer einreiben und 30 Minuten ruhen lassen.

Das Fett in einer großen Kasserolle erhitzen; die Vögel sollen knapp hineinpassen. Die Rebhühner leicht mit

Mehl bestäuben und von jeder Seite 5 Minuten braten, bis sie Farbe annehmen. Dann die gehackte Zwiebel zugeben und sanft dünsten; sobald die Zwiebel weich ist, den Knoblauch hinzufügen.

Wein, Brühe, Essig, Pfefferkörner, Nelken und Lorbeerblatt dazugeben. Alles zum Kochen bringen und zugedeckt 40 Minuten leise köcheln lassen. Dann die Schalot-

ten und die Möhren hinzufügen. Weitere 15 Minuten köcheln lassen.

Fleisch und Gemüse herausnehmen. Die Sauce reduzieren, falls mehr als etwa 350 ml Fond übrig ist, und im Mixer pürieren. Die Sauce wieder in den Topf geben, erhitzen und die Schokolade hinzufügen. Rühren, bis sie geschmolzen ist. Nun die Rebhühner und die Gemüse wieder in den Topf geben und in der Sauce ziehen lassen, bis Fleisch und Gemüse heiß sind. Die Rebhühner mit den Möhren und Schalotten auf einer Servierplatte anrichten und etwas Sauce darüberlöffeln. Mit einem guten Rioja *reserva* servieren.

Perdiz en Chocolate

PATO CON HIGOS

ENTE MIT FEIGEN

Dieser Entenbraten aus den Pyrenäen wird mit Feigen und Sherry zubereitet. Eine Barbarie-Ente (Flugente) mit ihrem feinen Wildgeschmack eignet sich noch besser für dieses Gericht als eine Hausente.

Getrocknete Feigen harmonieren wundervoll mit *amontillado* Sherry. Die Sauce wird nur durch das Öl der am Schluß hinzugefügten Zitronenschale vor allzuviel Süße bewahrt. Kleine Bündel Brunnenkresse geben dem Ganzen Farbe.

FÜR 4 PERSONEN

1 junge Barbarie- oder Hausente (etwa 1,5 kg)
300 g getrocknete Feigen
2 EL Schweineschmalz oder Öl
1 Zwiebel, feingehackt
2 Knoblauchzehen, feingehackt
300 ml Fleisch- oder Hühnerbrühe
250 ml amontillado *oder trockener* oloroso *Sherry*
Abgeriebene Schale von ½ unbehandelten Zitrone
Salz
Frisch gemahlener schwarzer Pfeffer

Die Feigen mit dem Sherry in einen Topf geben und 10 Minuten köcheln lassen. Den Backofen auf 200 °C (Gas

SCHAFHERDE IN ZAMORA Das Bild dieses Schäfers mit seiner Herde vermittelt einen Eindruck von ländlicher Ruhe und Gelassenheit.

Stufe 3–4) vorheizen. Die Haut der Ente an den fettreichen Stellen einstechen, den Vogel innen und außen würzen. Schweineschmalz oder Öl in einem Bräter auf dem Herd erhitzen. Die Ente zuerst mit der Brustseite nach unten hineinlegen und dann von allen Seiten anbraten. Dann die Ente herausnehmen und rundum mit dem Feigen-Sherry bestreichen. Das Fett aus dem Bräter abschöpfen und die Ente wieder hineinlegen. Dann den Bräter in den Backofen stellen und die Temperatur nach ein paar Minuten auf 160 °C reduzieren. Die Ente etwa 45 Minuten braten (die Garzeit ist abhängig von Alter und Größe des Vogels).

In der Zwischenzeit zwei Eßlöffel Entenfett in einem Topf erhitzen und die Zwiebeln darin weich dünsten, zum Schluß den Knoblauch hinzufügen. Die Brühe zugeben und einkochen lassen, damit sie kräftiger wird.

Acht Feigen zum Garnieren beiseite legen, die restlichen mit dem übrigen Sherrysud und der Brühe im Mixer pürieren und anschließend wieder in den Topf geben.

Die Ente auf eine vorgewärmte Platte legen, sobald sie gar ist, und etwa 10 Minuten ruhen lassen. Überschüssiges Fett vom Bratenfond abschöpfen und diesen durch ein Sieb an die pürierte Sherry-Feigen-Brühe geben. Zitronenschale hinzufügen und abschmecken. Die Ente in vier Portionen zerlegen und mit den restlichen Feigen garniert servieren. Die Sauce separat in einer Sauciere reichen. Dazu paßt der Viña Ardanza *reserva* aus Rioja Alta. Dies ist ein typischer spanischer Wein mit Eichenaroma. Mit seinem vollmundigen, cremigen Vanillegeschmack ersetzt er beinahe das Dessert.

CODORNICES ASADAS CON AJOS

GEBRATENE WACHTELN MIT KNOBLAUCHZEHEN

In Spanien dürfen Wildwachteln gejagt werden. Sie werden zweimal im Jahr mit Netzen gefangen, wenn sie während des Vogelzugs das Land überfliegen. Dieses ländliche Gericht kann man in jeder kleinen *venta* oder Gaststätte am Straßenrand finden. Meist werden sie mit großen Mengen Pommes frites serviert.

Andere kleine Vögel können auf dieselbe Weise gebraten werden. Auch zwei Rebhühner oder ein Perlhuhn können so für vier Personen zubereitet werden. Sie benötigen allerdings eine längere Garzeit (Rebhühner: etwa 30 Minuten; Perlhuhn: etwa 40 Minuten, dabei dreimal wenden).

FÜR 4 PERSONEN

8 kleine Wachteln
6 EL Olivenöl
24 Knoblauchzehen
4 EL Rotwein oder Málaga-Wein
Mehl
Salz
Frisch gemahlener schwarzer Pfeffer

Das Öl mit den geschälten Knoblauchzehen (acht kleine Zehen, ungeschält, für die Wachteln übriglassen) in einen Brattopf geben und diesen in den Backofen stellen. Den Backofen auf 220 °C (Gas Stufe 4–5) vorheizen.

Die Wachteln vorbereiten. Zuerst die Flügel abtrennen. Dann mit Daumen und Zeigefinger in den Schlund greifen, jeweils das Schlüsselbein ertasten und am oberen Ende herausziehen. So können die Vögel später mit Messer und Gabel gegessen werden.

Mit einem großen Küchenmesser die festen Enden der restlichen Knoblauchzehen abschneiden. Dann das Messerblatt auf die Zehen legen und unter Druck hin und her drehen. Dabei löst sich die Haut, und das Innere wird zerdrückt. Eine Knoblauchzehe in jede Wachtel geben und die Vögel salzen und pfeffern.

Die Wachteln mit der Brustseite nach unten in den Brattopf legen, diesen in den Backofen stellen und die Vögel 10 Minuten braten. Dabei gut mit dem Bratenfond bestreichen. Einmal wenden und einen Hauch Mehl auf die Brustseite sieben. Den Wein angießen und die Wachteln weitere 10–15 Minuten braten, bis sie an der Oberseite knusprig sind.

Die Vögel auf einer Servierplatte mit den jetzt sehr milden Knoblauchzehen anrichten. Das Fett aus dem Brattopf abschöpfen und etwas Bratenfond über die Vögel träufeln. Servieren Sie dazu *patatas picantes* (S. 71).

Unsere Zuchtwachteln haben keinen so ausgeprägten Wildgeschmack wie die wild lebenden Vögel. Deshalb ist ein ausgewogener, fruchtiger roter Senorío de Los Llanos *Gran reserva* aus Valdepeñas der passende Begleiter. Zu Rebhuhn oder Perlhuhn sollten Sie eine Flasche Sangredetoro wählen. Er ist körperreich und fruchtig.

ESCABECHE DE PERDICES

REBHUHN IN ASPIK

Die Araber legten gekochtes Fleisch in Essig ein, um es haltbarer zu machen. Auch im Persischen gibt es eine Tradition, Essen zu säuern. Das Wort *escabeche* ist eine Ableitung des persischen *sikbāj* (saures Essen). An Spaniens Küsten wurde diese Konservierungsmethode begeistert für Fisch übernommen, und in Altkastilien sind in Essig mariniertes Federwild und Kaninchen eine Spezialität.

FÜR 4 PERSONEN

2 Rebhühner
1 kleine Zwiebel, gehackt
1 Stange Bleichsellerie, feingehackt
4 Knoblauchzehen, feingehackt
2 EL Olivenöl
225 ml trockener Weißwein
225 ml Estragonessig
225 ml Hühnerbrühe
Wasser zum Einweichen der Gelatine
Gelatine (für 1 l Flüssigkeit etwa 18–22 Blätter)
2 Nelken
1 Lorbeerblatt
2 frische Thymianzweige
Salz
Frisch gemahlener schwarzer Pfeffer
4 Möhren, geschält
½ grüner Salat, gewaschen

Mit Daumen und Zeigefinger in den Schlund des Vogels greifen, jeweils das Schlüsselbein ertasten und am oberen Ende herausziehen. Die Rebhühner salzen und pfeffern. Einen Topf auswählen, in den sie knapp nebeneinander hineinpassen. Das Öl in diesem Topf erhitzen und die Vögel darin braten. Dabei wenden und so an den Rand des Topfes lehnen, daß sie überall gebräunt werden. Dann die Vögel herausnehmen und beiseite stellen.

Die Zwiebeln im selben Topf dünsten, bis sie weich werden. Dann den gehackten Sellerie und danach den Knoblauch hinzufügen. Die Gemüse an den Rand schieben und die Rebhühner wieder in den Topf geben. Alles eng nebeneinander anordnen. Wein, Essig, Brühe, Nelken, Lorbeerblatt und Thymian hinzufügen und langsam zum Kochen bringen. Dann soviel Wasser zugeben, daß die Vögel bedeckt sind (sie müssen während des ganzen Garvorgangs immer mit Flüssigkeit bedeckt sein). Nun 1 Stunde köcheln lassen, dann die Rebhühner herausnehmen und in eine Schüssel mit einem Durchmesser von etwa 15 cm legen. Sie sollten eng aneinanderliegen. Die Gelatineblätter kurz in kaltem Wasser einweichen, leicht ausdrücken und in die Brühe geben. Gut umrühren, bis sich die Gelatine aufgelöst hat. Dann über die Rebhühner geben. Sie müssen vollkommen mit der Flüssigkeit bedeckt sein. Die Brühe geliert, wenn sie abgekühlt ist, und das Fleisch hält sich so etwa eine Woche.

Zum Servieren die Vögel halbieren, dabei jeweils das Rückgrat herausschneiden. Mit etwas gelierter Brühe anrichten (nach Belieben zerlassen und die Rebhühner damit glasieren). Zum Garnieren die Möhren rundum mit tiefen Längsrillen versehen, in Scheiben schneiden und kurz blanchieren. Einige Salatblätter in Bündeln aufrollen und quer in dünne Streifen schneiden. Salatstreifen und Möhren um die Vögel herum arrangieren.

Reichen Sie zu den kalten Rebhühnern einen Rotwein aus Navarra. Der Süden der Provinz Navarra grenzt an Rioja und hat somit ähnliche klimatische Bedingungen wie das führende Weinbaugebiet Spaniens. Die dort erzeugten Rotweine sind den Rioja-Weinen durchaus ebenbürtig.

CONEJO GUISADO A LA BURGALESA

GESCHMORTES KANINCHEN AUS BURGOS

In Spanien hat jede Region ihre eigene Zubereitungsart für Kaninchen entwickelt. In La Mancha beispielsweise gart man sie mit Knoblauch, und mit Rosmarin in Katalonien. Kaninchen werden manchmal auch zusammen mit Schnecken zubereitet, die man mit Rosmarin füttert. Servieren Sie diesen Eintopf aus dem Herzen Altkastiliens mit gedünsteten Möhren oder Champignons, die mit Thymian gebraten sind.

FÜR 6 PERSONEN

2,3 kg Kaninchen, in 6 Portionen zerlegt
1 Kaninchenleber (oder Putenleber)
50 g Schweineschmalz oder 6 EL Olivenöl
2 Zwiebeln, gehackt
4 Knoblauchzehen, feingehackt
1 Stange Bleichsellerie, gehackt
2 reife Tomaten, enthäutet, entkernt und gehackt
1 Lorbeerblatt
1 Zweig Thymian
125 ml Weißwein
300 ml Hühnerbrühe
Muskatnuß, frisch gerieben
Salz
Frisch gemahlener schwarzer Pfeffer
Petersilie, gehackt, zum Garnieren

Wählen Sie eine Kasserolle, die so groß ist, daß die Kaninchenteile nebeneinander hineinpassen. Darin das Schmalz oder Öl erhitzen. Das Fleisch salzen und pfeffern und zuerst die beiden Keulen von beiden Seiten anbraten. Dann die restlichen Portionen hinzufügen und braten, bis sie rundum goldgelb sind. Das Fleisch herausnehmen und die Leber in der Kasserolle 2 Minuten von jeder Seite braten, herausnehmen und beiseite stellen. Dann die Zwiebel mit dem Sellerie in den Topf geben und weich dünsten. Zum Schluß den Knoblauch hinzufügen. Die Kaninchenteile wieder in den Topf legen und Wein, Brühe, Tomaten, Lorbeerblatt und Thymian hinzufügen. Etwas Muskat darüberreiben. Nun 45 Minuten zugedeckt köcheln lassen, bis das Fleisch zart ist.

Die Kaninchenteile auf eine Servierplatte legen. Die Leber im Mixer pürieren und damit die Sauce binden. Die Sauce abschmecken, eventuell noch eine Prise Muskat hinzufügen und über das Fleisch geben. Mit etwas Petersilie bestreuen.

VENADO ASADO CON SALSA DE CABRALES

GEBRATENE REHLENDE MIT CABRALES-SAUCE

In den Picos de Europa, einem großen Naturpark in Nordspanien, gibt es noch Bären und Wölfe, und Gemsen und Rotwild durchstreifen die wilde Berglandschaft. Hier wird der köstliche Cabrales hergestellt, ein saftiger blaugeäderter Käse. Er reift, ähnlich wie der Roquefort, in Berghöhlen, und zum Verkauf wickelt man ihn in Platanenblätter. Die hier beschriebene Sauce mit Cabrales, Sahne und Weinbrand wird in einer anderen Bergregion Spaniens, den Pyrenäen, mit Roquefort zubereitet, der dort eine regionale Spezialität ist.

FÜR 6 PERSONEN

700 g Lende vom Reh
Dünn geschnittener Speck zum Bardieren
3–4 EL Schweineschmalz oder Öl
Salz
Frisch gemahlener schwarzer Pfeffer

CABRALES-SAUCE

2 EL spanischer Weinbrand
250 ml Sahne
80 g Cabrales- oder Roquefort-Käse

Wenn man die Knochen aus dem Rehrücken entfernt, erhält man die Lende – neben dem Filet –, das kostbarste Fleisch vom Reh. Sie ist zwar teuer, aber ausgesprochen zart und wohlschmeckend. Allerdings verlangt sie eine sorgfältige Behandlung. Man muß sie vor dem Braten im Backofen bardieren (mit dünnen Speckscheiben umwickeln), damit sie nicht austrocknet. Man kann sie auch auf Bestellung fertig vorbereitet in Wildfachgeschäften erhalten.

Den Backofen auf 200 °C (Gas Stufe 3–4) vorheizen. Die Rehlende würzen und das Fett in einem kleinen Bräter stark erhitzen, das Fleisch hineinlegen und auf allen Seiten anbraten, damit sich die Poren schließen. Dann das Fleisch herausnehmen, mit dem Speck bardieren und wieder in den Bräter legen. Diesen in den Backofen stellen und nach ein paar Minuten die Hitze auf etwa 160 °C reduzieren. Die Rehlende etwa 25 Minuten braten (das Fleisch sollte innen noch rosa sein). Dann sofort aus dem Bräter nehmen und auf einer vorgewärmten Servierplatte einige Minuten ruhen lassen.

Nun die Cabrales-Sauce zubereiten: zuerst das Fett aus dem Bräter abschöpfen. Dann den Bräter bei niedriger Hitze auf den Herd stellen, den Weinbrand hineingeben und mit dem Kochlöffel unter Rühren den Bratenfond lösen. Dann die Sahne zugeben und einkochen lassen. Am Schluß den zerdrückten Cabrales oder Roquefort darin unter Rühren schmelzen lassen. Die Rehlende in sechs Portionsscheiben schneiden und auf einer Platte anrichten. Die Cabrales-Sauce separat in einer Sauciere reichen.

Trinken Sie dazu einen Vega de Toro *tinto reserva.* Dieser körperreiche, tiefdunkle Wein mit einem Aroma von schwarzen Johannisbeeren stammt aus der neuen DO *(denominación de origen)* Toro in Altkastilien. Angeblich ist der Toro der älteste Rotwein Spaniens; er soll schon Christoph Kolumbus nach Amerika begleitet haben. Man nannte ihn auch den »denkenden Wein«, weil die traditionsreiche Universität Salamanca im 13. Jahrhundert die Erzeugung dieses Weins unterstützt hatte.

MORTERUELO

TERRINE AUS HASE, HUHN, SCHINKEN UND LEBER

Don Quijote soll dieses bäuerliche Gericht vor fast vierhundert Jahren bei El Toboso in La Mancha gegessen haben. Es handelt sich um eine typische Mischung aus Wild und anderem Fleisch – der *gazpacho manchego* enthält übrigens dieselbe Zusammenstellung. Vom Hasen werden nur Vorderläufe und Rippen verwendet. Das bessere Fleisch von Rücken und Keulen wird zum Schmoren zurückbehalten.

Bei der klassischen Methode werden alle Zutaten in einem Mörser fein zermahlen (daher der Name *morteruelo*) und heiß serviert. Aber diese Kombination verschiedener Fleischsorten legt es nahe, das Fleisch zu zerfasern und das Gericht kalt als exotisch gewürzte, grobe Pastete zu Tisch zu bringen.

FÜR 12–15 PERSONEN

2 Vorderläufe und Rippen vom Hasen, etwa 600 g
½ Huhn, einschließlich Rückgrat etwa 700 g
400 g geräucherter Schinken
550 g Lammleber, geputzt und gewürfelt
1 Schweinsfuß, zerteilt
500 g fetter Schweinerücken, gewürfelt
750 ml trockener Weißwein
2 Zwiebeln, feingehackt
6 Knoblauchzehen, feingehackt
6 EL Petersilie, gehackt
2 TL Paprikapulver
¼ TL Zimtpulver
½ TL Kreuzkümmelpulver
⅛ TL Nelkenpulver
2 TL Salz
Frisch gemahlener schwarzer Pfeffer
50 g frische Brotkrumen
50 g Walnüsse, grobgehackt

Den Schinken in einen Topf geben, mit kaltem Wasser bedecken und zum Kochen bringen. Nun 5 Minuten köcheln lassen, dann abgießen. Die Vorderläufe von den Rippen trennen und zusammen mit Huhn, Schinken und Schweinsfuß in einen Topf geben. Mit Wein bedecken und 40 Minuten köcheln lassen.

MITTAGSRUHE Der hohe Stand der Sonne und die geschlossenen Fensterläden lassen vermuten, daß die Hausbewohner *siesta* halten.

Das Schweinefett hacken und in einer Pfanne erhitzen, bis das flüssige Fett austritt. In einem hitzefesten Meßbecher 250 ml davon abmessen. Bratreste aus der Pfanne entfernen. Die Zwiebeln mit wenig von dem abgemessenen Fett weich dünsten, zum Schluß den Knoblauch hinzufügen; dann Zwiebeln und Knoblauch in den Mixer der Küchenmaschine geben.

Wenn das Hühnerfleisch gut durchgegart ist, dieses auf ein sauberes Brett legen und das Fleisch mit zwei Gabeln von den Knochen lösen. (Von jetzt an möglichst steril arbeiten, denn die Terrine soll längere Zeit gelagert werden können.) Das Fleisch in Fetzen zupfen und in eine Servierschale (etwa 2,5 l Fassungsvermögen) legen. Knochen und Haut wieder in den Topf geben und weiterköcheln lassen. Den Schinken herausnehmen, auf das Brett legen und Schwarte und Fett entfernen. Das magere Fleisch zerfasern und zu dem Hühnerfleisch in die Schale geben.

Mehr Fett in der Pfanne stark erhitzen und die Leber darin in drei Portionen braten. Mit Salz und reichlich frisch gemahlenem Pfeffer bestreuen. Die fertig gegarte Leber zu den Zwiebeln in den Mixer geben. Pürieren und mit Paprika, Zimt, Kreuzkümmel und Nelken würzen. Bis auf drei Eßlöffel alles restliche Schweinefett in der Pfanne erhitzen, das Leberpüree hineingeben und sanft braten.

Auch das Hasenfleisch von den Knochen lösen, zerfasern und in die Schale geben. Den Schweinsfuß entfernen, die Brühe durch ein Sieb an das Leberpüree geben. Dann Petersilie mit Brotkrumen und Walnüssen unterrühren, damit die Masse fester wird. Zuletzt das zerkleinerte Fleisch unterheben und abschmecken. Traditionell wird die Terrine heiß gegessen. Soll sie aber kalt serviert werden, die Masse in die Schale füllen und die Oberfläche mit dem Löffelrücken glattstreichen. Das übriggebliebene Fett erwärmen und auf die Oberfläche löffeln. Kalt stellen und 48 Stunden ruhen lassen. Mit Baguette servieren.

DESSERTS, KUCHEN UND GETRÄNKE

Spanien ist mit einer Fülle frischer Früchte gesegnet, die schon allein eine köstliche, natürliche Nachspeise sein können, und die Tradition der Zubereitung von Süßspeisen weist unverkennbar maurische Züge auf.

Fresas con Anis *links (S. 138)*, Mantecados *rechts (S. 134)*.

Die Trauben waren »so groß wie Pflaumen, die Melonen zergingen wie Schnee auf der Zunge, der Wein war feurig und stark,« schwärmte Hans Christian Andersen, als er in den sechziger Jahren des 19. Jahrhunderts Valencia besuchte.

Orangen sind heute fast schon ein Symbol für Spanien. Einige Jahrhunderte bevor die Kreuzzüge diese Früchte nach Sizilien und Italien brachten, pflanzten die Mauren Orangenbäume in Spanien an. Die bitteren sogenannten »Sevilla-Orangen« zierten zur Zeit der Maurenherrschaft nicht nur die wunderschönen Innenhöfe der Alhambra in Granada; sie wurden überall im Süden angepflanzt. Zur gleichen Zeit kamen die Zitronen und die Vorläufer der Grapefruits nach Spanien. Die süßen Orangen setzten sich erst im 15. Jahrhundert durch.

Außer bei den *postres* (Nachspeisen) wird die Lust der Spanier auf Süßes zu fast allen Tageszeiten durch eine Vielzahl von Dessertweinen, Likören und nur zu bestimmten Festtagen zubereitete Süßigkeiten befriedigt, die manchmal von einer geradezu orientalischen Süße sind. Viele der süßen Stückchen enthalten Mandeln und Honig. *Turrón* (Nougat) kann hell oder dunkel, weich oder hart sein. Nougat wird mittlerweile in Jijona industriell in großen Mengen produziert. Die arabischen Einflüsse sind bei der Herstellung von Süßigkeiten besonders deutlich ausgeprägt, beispielsweise geht Süßes wie die *amaguillos* auf maurische Zeiten zurück.

Der Gedanke mag überraschend sein, aber die Nonnen unzähliger Orden sind die direkten Nachfolger der Mauren, was die Zubereitung von Süßigkeiten angeht. Dies hat seinen besonderen Grund: Zum Klären von Sherry und Rotwein wird Eiweiß verwendet. Das Eigelb aber wurde traditionell als Almosen weggegeben. Und die Nonnen machten daraus süße Spezialitäten für den Verkauf; dies war manchmal ihre einzige Einkommensquelle. Die Namen der Süßigkeiten beruhen auf ihrer Form, wie bei den *rosquillas* (Zuckerringe), oder auf dem Orden, der das Rezept in Ehren hält, wie San Leandro in Sevilla oder Santa Teresa in Avila.

In der spanischen Küche, besonders im Norden, werden Milch und Sahne für die Desserts aufgehoben. Quark und Dickmilch *(cuajarda)* serviert man mit einem Löffel Honig, und sehr beliebt ist *arroz con leche* (kalter Milchreis). Viel vollmundiger sind die Süßpeisen aus Pudding, oft in Quadratform gebraten als *leche frita.* Gekühlte *natillas,* intensiv mit Zimt und Zitronenschale aromatisierte Cremespeisen, findet man überall in Spanien. Die nationale Nachspeise ist allerdings ein Karamelpudding: *flan.* Eine köstliche Variante des *flan* wird mit Orangensaft statt Milch zubereitet (S. 127).

Speiseeis hat in Spanien eine tausendjährige Geschichte. Washington Irving beobachtete im 19. Jahrhundert bei Nacht arbeitende Schneesammler in der Sierra Nevada, die vor Anbruch der Morgendämmerung das Eis rasch nach Granada schafften. Das beliebteste Eis ist Zitronensorbet, serviert in ausgehöhlten Zitronenhälften; auch Eis mit Zimt wird gern gegessen.

Die spanischen Eroberungen in Amerika veränderten die Desserts in Spanien grundlegend: Sie brachten den Zucker in das Land. So setzte sich karamelisierter Zucker als typisch spanisches Dessertaroma durch. Zusammen mit dem Zucker kam die Schokolade in das Land, die man ursprünglich für Getränke, nicht für Süßigkeiten verwendete. Und auch die Kombination von Schokolade mit Zimt stammt aus der Neuen Welt. Merkwürdigerweise hatten die *conquistadores* die Vanilleschote gänzlich übersehen.

Kleine süße Plätzchen nehmen in der festlichen Küche einen Ehrenplatz ein. Überall in Spanien findet man *polvorones* (Sandküchlein), *mantecados* (Fettgebäck) und *almendrados* (Mandelplätzchen). Sie sind die idealen Begleiter zu einem Glas Wein. Pinienkerne werden für *piñonates* und Mandeln für *mostachónes* verwendet; letztere sind S-förmige Kekse, von denen zwei nebeneinander wie ein Moustache aussehen.

Kleine Krapfen wie die *buñuelos* stellt man für die Tage der Heiligen her, besonders für San Isidro, den Schutzpatron von Madrid. Und die fritierten und gefüllten *huesos de santo* (Knochen des Heiligen) werden für Allerheiligen am ersten November zubereitet. Allerdings wird es mittlerweile schwierig, sie noch zu bekommen. Die Marzipan-*figuritas* aus Toledo ißt man an Weihnachten im ganzen Land. Die Spanier schätzen auch süße Kuchen sehr, beispielsweise die *tarta de Santiago* mit gemahlenen Mandeln. Auf vielen Tischen sieht man sie am Jakobstag, geschmückt mit seinem von Puderzucker überzogenen großen Schwert.

Seit maurischen Zeiten wurden als Geste der Gastfreundschaft Getränke, beispielsweise der karamelisierte Weinbrand oder der süße Anisschnaps, immer mit Süßigkeiten gereicht. Zum Frühstück trinkt man vielleicht eine süße Schokolade. Und die *horchata de chufa* (Erdnußmilch) wird, manchmal geeist, am Morgen oder späten Nachmittag gereicht. In den heißen Sommern kommt *leche merengada* (mit Baisers versetzte gekühlte Milch) auf den Kaffeetisch.

Außerdem gibt es weinhaltige Longdrinks mit Zitronensaft, wie die *sangría,* und den weniger bekannten baskischen Punch *linoyada* aus Rot- und Weißwein. Und für den Abend empfiehlt sich ein regionaler Punsch wie der *quemado,* der rasch zu Kopf steigt.

CREMA CATALANA

GRATINIERTER KATALANISCHER PUDDING

Die Katalanen halten sich für die Erfinder von gratiniertem Zucker. Diesen klassischen Pudding mit seinem exotischen Aroma von Zimt und Zitrone sollten Sie unbedingt probieren! Der Karamel bildet auf der Oberfläche lediglich ein dünnes Netz und hat einen köstlichen Röstgeschmack. Traditionell wurde der Zucker in einer Eisenkelle von etwa 5 cm Durchmesser mit einem langen Griff karamelisiert, die man bis zur Rotglut erhitzte. Man bekommt sie außerhalb Spaniens gelegentlich in eleganten Küchengeschäften.

Die einfachste und sauberste Methode ist das Gratinieren unter dem Grill. Wichtig ist, daß die Oberhitze sehr stark ist, damit der Zucher nicht zu langsam schmilzt. Entsprechend sollte die Zuckerschicht dick genug sein, den Pudding vor der Hitze zu schützen. So entsteht eine dünne Karamelschicht auf der Creme.

FÜR 6 PERSONEN

250 ml Milch
250 ml Sahne
4 große Eigelb
1 EL Speisestärke
75 g Zucker
Streifen der Schale von ½ Zitrone
1 Zimtstange
4 EL brauner Zucker zum Gratinieren

Milch und Sahne mit der Zitronenschale und der Zimtstange zum Kochen bringen, dann den Topf vom Herd nehmen und die Milch 20 Minuten stehenlassen, damit sie die Aromen von Zitronenschale und Zimt aufnehmen kann. In der Zwischenzeit Eigelb, Speisestärke und Zucker mit dem Schneebesen schaumig schlagen.

Zimtstange und Zitronenschale aus der Milch nehmen. Diese wieder vorsichtig zum Kochen bringen, dann langsam und unter ständigem Rühren an die Eigelbmasse geben. Die Mischung wieder in den Topf füllen und bei niedriger Hitze unter vorsichtigem Rühren nochmals aufkochen. Die Speisestärke verhütet ein Gerinnen der Eicreme, deshalb muß dieser Pudding nicht im Wasserbad zubereitet werden. Wenn der Pudding so dick ist, daß er am Löffelrücken haften bleibt, die Masse in sechs kleine Keramik- oder Auflaufförmchen füllen und kalt stellen.

Etwa 30 Minuten vor dem Servieren auf die Creme in jedem Förmchen braunen Zucker streuen und die Förmchen unter den heißesten Bereich des Grills stellen, bis der Zucker geschmolzen ist.

Der Pudding muß sehr gut gekühlt sein, sonst besteht die Gefahr, daß der geschmolzene Zucker sich mit dem Pudding vermischt. Die Creme schmeckt gut gekühlt auch ohne Karamel.

Bis zum Servieren kalt stellen. Zusammen mit einem Glas gekühltem Extrísimo Bach *blanco semi dulce* ist dieses Dessert köstlich. Der Extrísimo ist für einen süßen spanischen Weißwein überraschend frisch und hinterläßt einen Nachgeschmack von Honig.

MARQUESA DE CHOCOLATE VALENCIANA

VALENCIANISCHES SCHOKOLADENMOUSSE

Dieses Schokoladenmousse ist eines der leichtesten Schokoladendesserts und – völlig ungewöhnlich für eine spanische Nachspeise – nicht süß.

FÜR 6 PERSONEN

100 g bittere Schokolade, in kleine Stücke gebrochen
3 EL Kakaopulver
50 g Butter, gewürfelt
2 große Eigelb
3 Eiweiß
2 EL Zucker
Orangeat, gehackt, zum Garnieren

Die Schokolade im Wasserbad schmelzen lassen. Dabei rühren, damit nichts ansetzt. Dann das Kakaopulver unterrühren. Aus dem Wasserbad nehmen und nach und nach die Butterwürfel darunterschlagen, bis eine glatte Masse entsteht.

Die Eier trennen und zwei Eigelb in die Schokoladenmasse rühren. Drei Eiweiß schaumig schlagen, den Zucker zugeben und 2–3 Minuten weiterschlagen, bis eine glänzende Baisermasse entsteht. Die Schokoladenmasse in zwei bis drei Portionen mit einem großen Löffel unter den Eischnee heben.

Das Ganze in sechs kleine Auflaufförmchen oder in zylindrische Wassergläser füllen. Die Oberfläche mit gehacktem Orangeat dekorieren und bis zum Verzehr kaltstellen. Dieses leichte, eher herbe Schokoladenmousse verträgt einen der köstlichen Süßweine Spaniens als Begleiter. Málaga *dulce,* der goldgelbe Wein aus den Bergen, paßt hervorragend dazu.

FLAN DE NARANJA

ORANGEN-KARAMEL-PUDDING

Wenn Spanien eine nationale Nachspeise hat, dann ist es der *flan:* ein köstlicher kleiner Puddingturm, überzogen mit Karamelsirup. Statt mit Milch wird diese valencianische Version mit Orangensaft zubereitet. Der wunderbar zarte *flan* ist genau die richtige Abrundung eines gehaltvollen Essens.

FÜR 6 PERSONEN

7 große Eigelb
1 großes Ei
250 g Zucker
1 unbehandelte Orange
200 ml Orangensaft, frisch gepreßt

Den Backofen auf 95 °C (Gas Stufe ½) vorheizen. Sechs Auflaufförmchen in einen kleinen Bräter stellen.

Nun 100 g Zucker mit sechs Eßlöffeln Wasser in einen kleinen Topf geben und erhitzen. Dabei rühren, damit sich der Zucker auflöst, und so lange kochen lassen, bis der Sirup hellbraun wird und nach Karamel duftet. Sofort vom Herd nehmen. Schnell etwa einen Eßlöffel Karamel in jedes Förmchen geben und diese leicht schwenken, damit auch die Ränder mit Karamel überzogen sind. (Vorsicht: karamelisierter Zucker ist außergewöhnlich heiß!).

Die Schale einer unbehandelten Orange sehr fein abreiben. Dann mit etwas Zucker die Schalenstückchen und das Orangenöl von der Reibe aufnehmen, das ganze Ei in eine Schüssel geben und mit einem Schneebesen leicht verquirlen. Den Orangensaft mit dem restlichen Zucker und der abgeriebenen Orangenschale zum Kochen bringen. Umrühren, damit sich der Zucker auflöst. Die Hitze reduzieren und 2 Minuten köcheln lassen.

Den Saft etwas abkühlen lassen und unter ständigem Rühren an die Eimasse geben. Dann alles durch ein Sieb gießen. Die Mischung in die im Bräter stehenden Auflaufförmchen verteilen (nicht vollständig füllen). Den Bräter mit heißem Wasser auffüllen, bis die Förmchen zu zwei Dritteln im Wasser stehen. Nun etwa 1 Stunde oder länger im Ofen garen, dann den Bräter herausnehmen und die Förmchen darin stehenlassen, bis sie so weit abgekühlt sind, daß man sie anfassen kann. Etwa 12 Stunden kalt stellen. Vor dem Servieren jedes Förmchen kurz in heißes Wasser tauchen und den *flan* auf Dessertteller stürzen.

Marquesa de Chocolate Valenciana *(links)*,
Flan de Naranja *(rechts)*.

TARTA QUEMADA HELADA

GRATINIERTES ORANGENEIS

Die Spanier sind geradezu vernarrt in Speiseeis. Überall in Spanien kann man es kaufen, aber zu Hause wird es eher selten zubereitet. Diese Kombination von köstlicher Eiscreme mit Orangen und knusprigem Karamel ist absolut raffiniert!

Wie so viele andalusische Desserts, enthält auch dieses zahlreiche Eigelb, die bei der Herstellung von Sherry anfallen (S. 124).

FÜR 8 PERSONEN

300 ml Sahne
300 ml Milch, erhitzt
8 große Eigelb
125 g Zucker
50 g Orangeat, gehackt
1 EL Grand Marnier oder Triple Sec (nach Belieben)
1 TL Vanille-Essenz
Etwa 250 g brauner Zucker

Das Orangeat in dem Orangenlikör einweichen. In einer Schüssel über kochendem Wasser (dic Schüssel darf mit dem kochenden Wasser nicht in Berührung kommen!) die Eigelb mit dem Zucker schaumig schlagen. Heiße Milch an die Eigelbmasse geben, die Vanille-Essenz hinzufügen und rühren, bis der Pudding dick ist. Ein Stück Pergamentpapier oder Klarsichtfolie auf die Oberfläche der Masse legen, damit sich keine Haut bildet, und den Pudding abkühlen lassen.

Die Sahne steif schlagen, Orangeat und Likör unterheben, dann die Sahne unter den Pudding ziehen. Die Masse in acht Auflaufförmchen geben. Diese sollten zu drei Vierteln gefüllt sein. Im Kühlschrank vorkühlen und dann tiefgefrieren, bis die Masse fest ist.

Den Grill sehr heiß werden lassen. Etwa zwei Eßlöffel braunen Zucker auf jede Portion geben und die Förmchen an der heißesten Stelle unter den Grill stellen (falls nötig, in mehreren Partien), bis der Zucker karamelisiert. Die Förmchen vorsichtig herausnehmen und zum Abkühlen in kaltes Wasser stellen, anschließend nochmals für 3 Stunden in das Tiefkühlfach geben.

Die *tartas* vor dem Servieren 30 Minuten in den Kühlschrank stellen, damit sie cremig werden. Der Karamel ist hart und zerbrechlich und die Eiscreme so vollmundig, daß man sie mit einem Glas Freixenet, dem populären spanischen *champán* genießen sollte.

TARTA AL WHISKY

EISTORTE MIT WHISKY

Von Galicien im Norden bis zum Mittelmeer im Süden des Landes wird diese Eistorte überall angeboten. Alle großen Eisfirmen stellen sie her, und sie wird in den meisten Restaurants angeboten. Wenn spanische Familien sonntags Essen gehen, ist sie die obligatorische Nachspeise.

FÜR 12 PERSONEN

Biskuitteig (S. 133)
4 EL Whisky

GELBES VANILLE-EIS

450 ml Milch
250 ml Sahne
6 große Eigelb
75 g Zucker
1 TL Vanille-Essenz
4 EL Whisky
4 EL Krokant (Rezept unten)

WEISSES VANILLE-EIS

4 Eiweiß
125 g Zucker
250 ml Schlagsahne
1 TL Vanille-Essenz

KARAMEL UND DEKORATION

125 g Zucker
125 ml Schlagsahne

KROKANT

150 g Zucker
100 g Mandeln, blanchiert, gehäutet und geröstet
50 g Haselnüsse, blanchiert, gehäutet und geröstet

Den Biskuitteig herstellen und in einer Springform (etwa 24 cm Durchmesser) bei 180 °C (Gas Stufe 2–3) 15 Minuten backen. Auf einem Rost abkühlen lassen.

Den Krokant zubereiten. Zunächst 125 g Zucker mit zwei Eßlöffeln Wasser in einem Topf erhitzen, bis er hellbraun karamelisiert ist. Die Nüsse hinzufügen, den Topf von der Feuerstelle nehmen und kräftig rühren. Dann die Masse auf gefettete Alufolie geben, abkühlen lassen, zerbrechen und grobhacken. Gut vier Eßlöffel davon etwas feiner hacken und für das gelbe Vanille-Eis beiseite stellen.

Denselben Topf für den Karamelbelag der Torte verwenden. Ein Backblech mit Alufolie auslegen und darauf

BAUERNHOF IN NORDSPANIEN In den regenreichen Gebieten Nordspaniens gibt es saftiges Weideland für Kühe; von dort stammen die meisten Milchprodukte.

mit einem Filzschreiber rund um die Springform einen Kreis ziehen. Den Karamel wie vorher zubereiten und in diesen Kreis gießen. Mit dem Löffelrücken innerhalb der Linie ausstreichen. Sofort mit einem in heißes Wasser getauchten langen Messer auf dem Karamel zwölf Tortenstücke markieren.

Das gelbe Vanille-Eis zubereiten. Ein Wasserbad mit etwas heißem Wasser im unteren Topf bereitstellen. Das Eigelb in der oberen, noch kalten Schüssel mit zwei Eßlöffeln Zucker schaumig schlagen. Die Hälfte der Milch mit dem Zucker und der Vanille-Essenz erhitzen, bis sie kocht, dann etwas abkühlen lassen. Die Schüssel mit den Eigelb über das heiße Wasser setzen, und unter ständigem Rühren die heiße Milch zugeben. Die Masse weiterrühren, bis der Pudding am Löffelrücken haften bleibt (etwa 15 Minuten). Die restliche Milch dazugießen und unter gelegentlichem Rühren abkühlen lassen.

Den Whisky und den fein gehackten Krokant hinzufügen und unter die aufgeschlagene Creme heben. In einem Eisbereiter gefrieren lassen (oder im Tiefkühlfach, dabei nach 2 Stunden aufschlagen). Das Eis in dieselbe Springform geben, in der der Biskuit gebacken wurde. Glattstreichen und 2 Stunden tiefgefrieren.

Den Biskuit horizontal in drei Scheiben schneiden (zwei für eine andere Gelegenheit einfrieren). Das gelbe Vanille-Eis aus dem Tiefkühlfach nehmen und mit dem Biskuitboden bedecken; diesen gleichmäßig mit vier Eßlöffeln Whisky beträufeln und das ganze wieder in das Tiefkühlfach stellen.

Für das weiße Vanille-Eis das Eiweiß nicht ganz steif schlagen, dann 125 g Zucker darüberstreuen. Nun 2–3 Minuten weiterschlagen, bis die Masse wie Satin glänzt. Mit demselben Schneebesen die Sahne steif schlagen, Vanille-Essenz hinzufügen. Eischnee und Sahne miteinander mischen. Die Springform aus dem Tiefkühlfach nehmen, die Eiscreme auf den Biskuitboden streichen und glätten. Die Karamelplatte daraufgleiten lassen, sanft andrücken und über Nacht tiefgefrieren.

Die Eistorte vorsichtig aus der Springform lösen. Mit einem großen Messer den grobgehackten Krokant an die Seiten der Torte drücken. Diese auf eine Tortenplatte gleiten lassen. Die Sahne mit zwei Eßlöffeln Zucker steif schlagen und rund um den Rand Rosetten spritzen, auf jedes Tortenstück eine. Jede Rosette mit den letzten Krokantkrümeln überstäuben. Bis zur Verwendung in das Tiefkühlfach stellen. Diese Torte kann ohne Antauen serviert werden. Ein perlender Cava-Wein aus der Provinz Lérida ist genau das Richtige dazu.

ROSCÓN DE REYES

DREIKÖNIGSKUCHEN

In Spanien gibt es die Weihnachtsgeschenke erst am sechsten Januar, dem Dreikönigstag. Und es ist auch nicht der Weihnachtsmann, der sie bringt, sondern es sind *Los Reyes Magos,* die drei Weisen, die dem Jesuskind die Geschenke brachten. Diese verzierten ringförmigen Brote ißt man am Nachmittag. In ihnen steckt eine kleine Überraschung. Früher war es eine Bohne *(haba),* ähnlich wie bei der provençalischen Dreikönigstorte.

Mesonero Romanos beschreibt in dem 1852 erschienenen Buch *»Un Año en Madrid«* (»Ein Jahr in Madrid«) den alten Brauch: Der Kuchen wird in gleichmäßige Scheiben geschnitten und mit einer Serviette bedeckt, um Bevorzugung oder Betrug zu vermeiden. Während man traditionelle Lieder singt, bekommt jeder ein Stück vom Dreikönigskuchen. Wer die *haba* oder Überraschung findet, wird zum König des Festes ernannt und bestimmt, mit welchen Spielen man sich den Abend vertreibt. Die letzte Pflicht des Königs ist es, alle Anwesenden zu einem Festessen am folgenden Sonntag einzuladen, bei dem er dann seine Herrschaft aufgibt. Mesanero Romanos beklagt den Untergang dieses Brauchs in Madrid (vielleicht weigerten sich Frauen, dieses zusätzliche Festessen nach Weihnachten zu veranstalten). Aus diesem abschließenden Festmahl wurde im Lauf der Zeit ein Frühstück oder eine *merienda* (Vesper).

FÜR 10–12 PERSONEN

250 g Mehl
½ TL Salz
½ Päckchen Trockenhefe (Inhalt 7 g)
125 ml Milch, angewärmt
50 g Zucker
50 g Butter, weich
2 Eier
1 Eiweiß, leicht verquirlt
2 EL brauner Rum
2 EL Orangenblüten-Wasser
1 TL fein abgeriebene unbehandelte Orangenschale
1 TL fein abgeriebene ungehandelte Zitronenschale
25 g Mandeln, gehobelt
Kandierte Früchte, einschließlich Kirschen, zum Garnieren

Mit dem Vorteig beginnen. Die Hefe mit einem Eßlöffel Zucker und der handwarmen Milch verrühren. Nun 50 g Mehl hineinrühren, so daß eine feuchte Masse entsteht. Mit einem Geschirrtuch bedecken und an einem warmen Ort 20–30 Minuten stehenlassen, bis die Masse sehr schaumig ist (im Gasherd oder im elektrischen Backofen bei niedrigster Hitze, etwa 40 °C).

In der Zwischenzeit das restliche Mehl mit dem Salz in eine große Schüssel sieben und den restlichen Zucker, Orangen- und Zitronenschale untermischen. Die Butter mit den Händen hineinarbeiten, bis eine krümelige Masse entsteht.

Die Eier mit Rum und Orangenblüten-Wasser verquirlen. In die Mitte der Mehl-Butter-Mischung eine Vertiefung drücken, Eier und Vorteig hineingeben. Alles mit einem hölzernen Kochlöffel zu einem klebrigen Teig verrühren. Dann den Teig mit den Händen kneten und auf die Arbeitsplatte schlagen, bis er nicht mehr klebt. Nur Geduld – auch wenn Sie heftig arbeiten, dauert dieser Vorgang mindestens 10 Minuten. Die Küchenmaschine bewährt sich hier nicht, der Teig würde klebrig.

Den Hefeteig auf die mit Mehl bestreute Arbeitsplatte geben und weitere 5–10 Minuten schlagen und kneten, bis er glatt und elastisch ist. Den Teig in eine saubere, mit Öl ausgepinselte Schüssel geben, mit einem Geschirrtuch bedecken und 1 Stunde an einem warmen Ort gehen lassen, bis sich sein Volumen verdoppelt hat.

Dann den Teig auf der mit Mehl bestreuten Arbeitsplatte verkneten, bis er wieder seine ursprüngliche Größe hat. Die *haba* hineingeben (ein kleines Porzellan-Kaninchen oder eine andere Porzellanfigur oder eine Münze). Den Teig zu einer »Wurst« formen und anschließend zu einem Ring verbunden in eine gefettete Springform (etwa 23 cm Durchmesser) legen. Nochmals mit einem Tuch bedecken und 45 Minuten an einem warmen Ort gehen lassen.

Den Backofen auf 180 °C (Gas Stufe 2–3) vorheizen. Den Hefering leicht mit verquirltem Eiweiß bestreichen und mit Mandeln und kandierten Früchten bestreuen. Nun 30 Minuten backen, bis der Teig aufgegangen und goldbraun ist. Noch 5 Minuten stehenlassen, dann aus der Form lösen und auf einem Rost abkühlen lassen.

Roscón de Reyes

ENSAIMADA

SÜSSE TEIGSCHNECKEN AUS MALLORCA

Diese köstliche süße Teigschnecke – ein Mittelding zwischen Brötchen und Kuchen – wird regelmäßig von Mallorca nach Barcelona versandt, denn dort ist sie zum Frühstück sehr beliebt. Die Spiralform wird häufig mit einem arabischen Turban verglichen. Aber ich denke, sie hat ihren sehr viel älteren und weiblichen Ursprung in dem *cabessal,* das sind die spiralförmig gewundenen Stoffstreifen, die Frauen auf ihren Kopf legen, um darauf einen Eimer oder einen Korb tragen zu können. In Europa geht der Gebrauch des *cabessal* auf klassische Zeiten zurück und endete erst im 19. Jahrhundert in der Nähe des Languedoc. Große *ensaimadas* – in der Größe von »*Korbböden*« – werden heute noch auf Mallorca hergestellt. Manchmal dekoriert man sie mit einer Scheibe der ortsüblichen *sobresada* (S. 16).

Traditionell wurde *sain* (Schmalz [s. FETT S. 11]) verwendet. Heute wird er häufig durch Butter ersetzt. Das Fett wird benötigt, um die Teigspiralen beim Aufgehen voneinander zu trennen. Mit diesem Rezept können Sie das altmodische Vergnügen erleben, mit Brotteig zu hantieren.

ERGIBT 10 SCHNECKEN

300 g Mehl
½ TL Salz
4,2 g Trockenhefe
50 ml Milch, angewärmt
4 EL Zucker
3 EL Sonnenblumenöl und etwas Öl zum Fetten
1 großes Ei
2 EL Butter, zerlassen
1 EL Honig
Puderzucker zum Überstäuben

Den Hefe-Vorteig zubereiten. Dazu die Hefe mit einem Eßlöffel Zucker und der handwarmen Milch in eine Schüssel geben. Nun 75 g Mehl hineinrühren, so daß eine glatte, feuchte Masse entsteht. Den Vorteig an einem warmen Ort 20–30 Minuten stehenlassen (im Gasherd oder im elektrischen Backofen bei niedrigster Hitze, etwa 40 °C), bis er sehr schaumig ist.

In der Zwischenzeit das restliche Mehl mit dem Salz in eine große Schüssel sieben und den restlichen Zucker daruntermischen. Das Ei mit dem Öl verquirlen. Eine Vertiefung in die Mitte der Mehlmischung drücken und die Ei-Öl-Mischung hineingeben, dann alles zu einem glatten, elastischen Teig kneten. Sobald eine feste Masse entsteht, mit einer Hand weiterkneten. Die Krumen in den Teig hineinarbeiten, bis eine weiche, aber nicht klebrige Kugel entsteht. Die Arbeitsplatte mit etwas Mehl bestreuen und den Teig ausgiebig mit den Händen weiterkneten: ziehen und dehnen, dann wieder zusammenschlagen, bis er elastisch und glatt ist.

Eigroße, etwa 50 g schwere Teigstücke abtrennen und rollen. Mit ausgestreckten Fingern vor und zurück rollen, bis die Teigwurst fast so dünn, aber zweimal so lang wie ein Bleistift ist, dabei die Hände nach außen wandern lassen. (Früher machte man dies mit buttergefetteten Händen.) Die zerlassene Butter auf einen Teller geben, jede Teigwurst hindurchziehen, dabei an den Enden festhalten. Dann die Teigwurst auf einem leicht gefetteten Backblech spiralförmig aufrollen. Das lose Ende daruntersteken, damit es nicht absteht. Zwischen den Schnecken reichlich Abstand lassen. Das Blech mit einem Geschirrtuch bedecken und etwa 1 Stunde an einem warmen Ort stehenlassen, bis die Schnecken ihr Volumen verdoppelt haben.

Den Backofen auf 180 °C (Gas Stufe 2–3) vorheizen. Den Honig in einem Eßlöffel heißem Wasser auflösen, die Schnecken damit bestreichen und 12 Minuten backen, bis sie goldbraun sind. Zum Abkühlen auf ein Rost geben und nochmals mit der Honigmischung bestreichen. Nun 5 Minuten abkühlen lassen, dann mit Puderzucker bestreuen und warm servieren.

BRAZO GITANO

BISKUITROLLE MIT SCHOKOLADENCREME

Der Name dieser langen, dünnen Biskuitrolle ist eine Anspielung auf die braunen Arme der Zigeunerin, vielleicht mit Kastagnetten in der Hand. Die Füllung besteht aus einer mit Zimt und Rum verfeinerten Schokoladencreme.

FÜR 6–8 PERSONEN

BISKUITTEIG

5 große Eier
100 g Zucker und etwas Zucker zum Bestreuen
4 EL Mehl
Salz
Fein geriebene Schale von 1 unbehandelten Zitrone
Butter zum Fetten

CREMA PASTELERA AL RON

300 ml Milch, erhitzt
100 g bittere Schokolade, in kleine Stücke gebrochen
3 große Eigelb
100 g Zucker
1 EL Mehl
1 EL Speisestärke
¼ TL gemahlener Zimt
4 EL Rum
½ TL Vanille-Essenz

Den Backofen auf 180 °C (Gas Stufe 2–3) vorheizen. Ein Backblech (etwa 26 × 45 cm) mit Backfolie auslegen und diese mit Butter einfetten. Die Eier trennen (sie sollten Zimmertemperatur haben, am besten stellen Sie die Schüssel mit den Eigelb in einen Topf mit warmem Wasser). Die Zitronenschale mit der feinsten Reibe abreiben. Das Zitronenöl dabei mit etwas von dem abgemessenen Zucker aufnehmen. Zitronenschale und die Hälfte des Zuckers an das Eigelb geben. Dann mit dem Schneebesen kräftig schlagen, bis die Masse wie blaßgelber Pudding aussieht (etwa 2–3 Minuten).

Das Eiweiß mit Salz steif schlagen, aber nicht ganz fest. Den restlichen Zucker nach und nach hinzufügen und alles zu schnittfestem Eischnee schlagen. Diesen unter das Eigelb heben. Das Mehl nach und nach darübersieben und unterheben.

Den Teig auf das vorbereitete Backblech geben und 12–15 Minuten backen, bis der Biskuit hellbraun ist und auf leichten Druck federnd nachgibt.

Einen Bogen Backfolie mit Zucker bestreuen und bereitlegen. Den Biskuit auf die Folie stürzen, das Papier von der

KONDITOREI Zusätzlich zu ihrem alltäglichen Angebot stellen die Bäckereien besondere Süßigkeiten her, die es nur zu bestimmten Festtagen gibt.

Unterseite abziehen und die knusprigen Ränder abschneiden. Den Biskuit von der langen Seite her zusammen mit dem gezuckerten Papier aufrollen. In ein feuchtes Geschirrtuch wickeln und abkühlen lassen.

Die Füllung zubereiten. Die Schokolade in einer Schüssel über köchelndem Wasser schmelzen, dabei gelegentlich umrühren. Eigelb, Mehl, Speisestärke und Zimt verrühren, so daß eine Paste entsteht. Falls nötig, etwas Milch hinzufügen. Die Milch mit dem Zucker zum Kochen bringen und unter Rühren an die Eigelbmasse geben. Die Masse in den Kochtopf füllen. Die Masse bei niedriger Hitze unter ständigem Rühren (denn die Mischung ist anfangs klumpig) erwärmen, bis der Pudding sehr dick und glatt ist. Vom Herd nehmen und die geschmolzene Schokolade, die Vanille-Essenz und den Rum unterrühren. Die Oberfläche mit einem Stück Klarsichtfolie bedecken, damit sich keine Haut bildet, und abkühlen lassen.

Den Biskuitteig auswickeln, mit der Schokoladencreme bestreichen und wieder aufrollen. Bis zur Verwendung in die Backfolie wickeln. Kühlen und noch am selben Tag servieren.

PASTEL VASCO

BASKISCHE KIRSCHPASTETE

Diese Torte ist bestens für ein Picknick geeignet. Beschaffenheit und Geschmack des süßen Teigs ähneln einem Biskuitkuchen. Häufig wird er mit einer dicken Puddingschicht in der Mitte zubereitet. Die früheste Version dieser Torte war vermutlich ein Brotteig mit einer Füllung aus Marmelade von Wildkirschen. Diese köstliche Füllung besteht jedoch aus gedünsteten Schattenmorellen.

FÜR 6 PERSONEN

200 g Mehl, gesiebt, und etwas Mehl zum Ausrollen
1 gestrichener TL Backpulver
Salz
100 g gekühlte Butter, gewürfelt
75 g Zucker und etwas Zucker zum Bestreuen
2 kleine Eier
Abgeriebene Schale von ½ unbehandelten Zitrone
700 g Schattenmorellen in Sirup aus dem Glas oder
2 Dosen Kirschen (je 400 g)

Mehl, Backpulver und Salz in die Rührschüssel der Küchenmaschine geben. Die Butter zugeben und einarbeiten lassen, so daß ein krümeliger Teig entsteht. Die Zitronenschale hinzufügen, dabei mit etwas von dem abgemessenen Zucker das Zitronenöl von der Reibe aufnehmen. Den Zucker, ein ganzes Ei und ein Eigelb zugeben und hineinarbeiten lassen. Es sollte jetzt ein weicher Teig entstehen. Den Teig in zwei Portionen teilen (die eine doppelt so groß wie die andere). Zwei flache Fladen daraus formen. Auf Teller legen und mindestens 2 Stunden in den Kühlschrank stellen.

Den Backofen mit einem Backblech auf 170 °C (Gas Stufe 2) vorheizen. Eine Springform mit 20 cm Durchmesser fetten. Die kleinere Teigportion im Kühlschrank lassen, die größere auf der gemehlten Arbeitsplatte zu einem Kreis ausrollen, der rundum 2,5 cm größer ist als die Springform. Den Teigrand nach innen schlagen, den losen Springformboden unter den Teig gleiten lassen. In den Ring setzen und diesen schließen. Den eingeschlagenen Teigrand wieder hochnehmen und an den Rand der Form drücken, so daß der Teig seitlich aufrecht steht (nichts abschneiden).

Die Kirschen entsteinen, in einem Sieb abtropfen lassen und mit Küchenpapier gut trockentupfen. Die Kirschen dann auf dem Teig in der Springform verteilen, so daß sie dicht beieinander liegen. Den Teigdeckel aus dem Kühlschrank nehmen, auf Springformgröße ausrollen und auf die Kirschen legen. Die Ränder des Teigbodens von den Seiten der Form lösen, über den Teigdeckel nach innen schlagen und vorsichtig rundum mit einer Gabel festdrücken.

Den Teigdeckel einige Male einstechen, mit dem restlichen Eiweiß bestreichen und mit etwas Zucker bestreuen. Auf dem heißen Backblech 45–55 Minuten backen, bis die Torte goldgelb ist. Noch 5 Minuten stehenlassen, dann den Ring entfernen und den Kuchen vom Formboden lösen. Auf einem Rost abkühlen lassen.

MANTECADOS

SCHMALZGEBÄCK

Diese überall in Spanien hergestellten kleinen, trockenen Kekse sind den *polvorones* (Sandgebäck) eng verwandt. Der Grundteig aus Zucker und Eiern wird regional unterschiedlich variiert: In der einen Stadt kommen vielleicht gemahlene Mandeln hinein, in der anderen ein Glas Anisschnaps oder *aguardiente* (S. 10). *Mantecado* bedeutet »Schmalzgebäck«, aber heute werden diese Plätzchen häufiger mit Butter zubereitet. Man ißt sie zu einem Dessertwein oder zu Eis.

ERGIBT 12–15 STÜCK

250 g Mehl
75 g Mandeln, blanchiert und enthäutet
150 g Butter, gewürfelt
150 g Zucker
½ TL gemahlener Zimt

Zuerst den Backofen auf 180 °C (Gas Stufe 2–3) vorheizen, dann das Mehl auf dem Backblech verteilen und im Ofen so lange rösten, bis es leicht Farbe angenommen hat (etwa 8–10 Minuten). Die Mandeln im Backofen etwas länger rösten, bis sie biskuitfarben sind, dann in einem Mixer feinmahlen. Den Backofen auf 130 °C (Gas Stufe ½–1) zurückschalten.

Die Butter mit Zucker und Zimt cremig rühren, dann Mehl und Mandeln untermischen. Den sehr krümeligen Teig auf die Arbeitsplatte geben und zu einer 1,5 cm dicken Schicht zurechtdrücken. Dann mit einem Sherryglas oder einer runden Ausstechform 5 cm große Kreise ausstechen. Die Kekse vorsichtig mit einem Palettenmesser auf ein gefettetes Backblech setzen und 30 Minuten backen. Nach dem Backen vorsichtig vom Blech nehmen, denn sie sind sehr mürbe und zerbrechlich. In Spanien wickelt man sie häufig einzeln ein.

Reichen Sie mit diesen Keksen eine Obstschale mit Mandarien und ein Glas Málaga-Wein.

MANDELHAIN Mandeln wurden von den Mauren nach Spanien gebracht und sind heute noch für viele Desserts unersetzlich.

ALFAJORES

ARABISCHE LEBKUCHEN

Von Medina Sidonia aus sieht man bei schönem Wetter in der Ferne den Hafen von Cádiz. Sicherlich konnte man einst von hier beobachten, wie Sir Francis Drake dem König von Spanien »den Bart versengte«. Unter der Burg gibt es am Marktplatz ein kleines Geschäft, in dem eine verblüffende Vielfalt traditioneller Süßigkeiten verkauft wird.

Der spanische Feinschmecker Luis Antonio de Vega schreibt in seinem Buch *»Viaje por La Cocina Española«* (»Kulinarische Reise durch Spanien«), Medina Sidonia sei einst die Süßwaren-Hauptstadt der islamischen Welt gewesen. Im elften Jahrhundert exportierte die Stadt Köchinnen für die Harems der wohlhabendsten moslemischen Herren von Asien und Afrika. Manche von ihnen, Frauen von großer Schönheit, wurden die Mütter von Kalifen, Königen und Wesiren. Natürlich sind die Rezepte geheim, aber diese *alfajores* scheinen dem Gebäck der Haremsküche recht nahe zu kommen.

Honig mit Mandeln ist eine bevorzugte arabische Zusammenstellung, und Spanien hat sich auf die Gewinnung von Honigsorten einzelner Blütenarten spezialisiert. *Alfajores,* wie die italienischen Amaretti in buntes Papier gewickelt, machen sich besonders zu Weihnachten sehr gut.

ERGIBT 14–15 STÜCK

100 g Mandeln, blanchiert und enthäutet, einschließlich einiger nicht blanchierter Kerne
200 g Mandeln, gemahlen
2 EL Korinthen
½ TL Anissamen, grob zerdrückt
Abgeriebene Schale von ½ unbehandelten Zitrone
1 TL Zimtpulver
200 g fester Honig
Puderzucker zum Überziehen

Die ganzen Mandeln im Backofen bei niedriger Hitze etwa 20 Minuten rösten (etwa 150 °C, [Gas Stufe 1]), bis sie biskuitfarben sind und angenehm duften. Dabei das Blech gelegentlich rütteln. Anschließend grobhacken. Die Korinthen feinhacken.

Die gemahlenen Mandeln, Zimt, Korinthen und Anissamen in eine Schüssel geben. Die Zitronenschale hinzufügen und das Zitronenöl von der Reibe mit etwas gemahlenen Mandeln aufnehmen. Den Honig erwärmen und mit einem Kochlöffel unter die Mischung rühren. Die gehackten Mandeln hinzufügen und mit den Händen gut unterkneten. Bevor die Masse kalt wird, kleine Portionen abtrennen und auf einem Teller mit Puderzucker rollen, so daß kleine zylindrische Bissen entstehen. Jeden in ein Quadrat aus buntem Papier wickeln und dieses an beiden Enden wie beim Bonbon zusammendrehen. Schwarzer Kaffee und ein Orangenlikör, wie Triple Sec, sind harmonische Beigaben.

MELOCOTÓN ASADO EN VINO TINTO

IN ROTWEIN GESCHMORTER PFIRSICH

In Rotwein mit Zimt gegarte Birnen sind überall bekannt; weniger bekannt ist, daß sie aus Galicien stammen. Pfirsiche in Rotwein habe ich das erste Mal in einem Kloster in Navarra gegessen, hoch oben im Vorgebirge der Pyrenäen. Die spanischen Tafelweine sind preiswert, fruchtig und unkompliziert – gerade richtig zum Kochen.

Cremiges Vanille-Eis ist hierzu die passende Beigabe. Probieren Sie einmal das weiße Vanille-Eis von Seite 128 dazu. Die Zubereitung dauert nur 2 Minuten, und das Aufschlagen entfällt.

FÜR 6 PERSONEN

6 große Pfirsiche
50 g Zucker und 3 EL Zucker zum Bestreuen
½ l Rotwein (vorzugsweise aus Navarra)

Den Backofen auf 180 °C (Gas Stufe 2–3) vorheizen. Wählen Sie eine passende Form für die Pfirsiche, in die sie alle dicht nebeneinander hineinpassen. Jeden Pfirsich 10 Sekunden in kochendes Wasser tauchen, dann enthäuten und in die Auflaufform legen.

Die Hälfte des Weins mit 50 g Zucker erhitzen, dabei rühren, damit sich der Zucker auflöst. Den restlichen Wein hinzufügen, zum Kochen bringen und über die Pfirsiche geben. Mit Alufolie bedeckt 30 Minuten im Ofen schmoren. Die Pfirsiche herumdrehen, wenn sie nicht völlig untergetaucht sind. Die Oberseiten mit Zucker bestreuen und die Form auf die oberste Schiene stellen, falls Ihr Herd Oberhitze hat. Sonst 2–3 Minuten unter einen heißen Grill schieben. Die Pfirsiche im Wein abkühlen lassen, dann kalt stellen. Auf einzelnen Glastellern mit etwas Rotwein rund um jeden Pfirsich servieren.

PFERD UND WAGEN IN ARAGONIEN Viele Transporte werden in Spanien immer noch auf traditionelle Art erledigt.

FRESAS CON ANIS

ERDBEEREN MIT ANISSCHNAPS

In Spanien sind die Erdbeeren gerade zur Osterzeit reif. Die saftigsten Beeren werden rund um Aranjuez angebaut, wo der spanische König einen herrlichen Sommerpalast besitzt. Chinchón ist nur wenige Kilometer entfernt. Hier wird einer der besten Anisschnäpse hergestellt. Und Anisschnaps ist die ideale Marinade für Erdbeeren. Im Süden wird ein mittelsüßer *oloroso* Sherry für denselben Zweck verwendet.

FÜR 4 PERSONEN

500 g Erdbeeren
4 EL Anisschnaps
2 EL Zucker

Die von den Blättern befreiten Beeren mit Anisschnaps beträufeln, mit Zucker bestreuen und so lange ziehen lassen »wie man zum Tanzen einer *sardana* braucht« – etwa 30 Minuten. Falls es sehr heiß ist, die Erdbeeren auf einem Glasteller servieren, der in einer Schale mit zerstoßenem Eis steht.

EMPANADILLAS DE CIDRA

SÜSSE PASTETCHEN MIT MELONENMARMELADE

Süßigkeiten aus der Pfanne, *dulces de sartén,* sind in Andalusien sehr beliebt. Am bekanntesten sind die *churro*-Ringe, die auf jedem Markt frisch vor Ihren Augen zubereitet werden.

Empanadillas (Pastetchen) sind die einzigen Süßigkeiten, die in *tapa*-Bars verkauft werden. Meist sind sie wie Muscheln geformt; vermutlich werden sie in einer Art Waffeleisen gebacken. Diese hausgemachten Pastetchen sind kleiner als diejenigen, die man auf den Märkten kaufen kann, und frisch zubereitet unwiderstehlich! Deshalb wurden für eine Portion vier oder fünf *empanadillas* gerechnet.

Im Innern jeder *empanadilla* befindet sich die Lieblingsmarmelade Spaniens, *cabellos de ángel* (Engelshaar) genannt. Sie wird aus *cidra cayote,* einem ovalen, melonenähnlichen Kürbis hergestellt. Er ist dunkelgrün, gelb gesprenkelt und hat sehr faseriges Fruchtfleisch. Manchmal wird die Marmeladenfüllung weggelassen und statt dessen kommen Sesamsamen in den Teig.

FÜR 4 PERSONEN

175 g Mehl und etwas Mehl zum Ausrollen
¼ TL Salz
2 EL Sonnenblumenöl
25 g Butter
100 ml Weißwein, nicht zu trocken
Dünn abgeschälte Schale von 1 unbehandelten Zitrone
½ TL Anissamen, zerdrückt (nach Belieben)
100 g cabellos de ángel *oder andere feste Marmelade*
100 g fester Honig
2 EL Weinbrand
Zucker zum Bestreuen
Olivenöl zum Fritieren

In einem Topf das Öl mit der Zitronenschale erhitzen, bis diese braun wird. Die Schale entfernen. Butter, Wein und Anissamen, falls verwendet, unterrühren. Den Topf vom Herd nehmen und das Mehl mit dem Salz nach und nach unterschlagen, bis ein glatter Teig entsteht. Aus dem Topf nehmen und kräftig kneten. In einen Frischhaltebeutel verpackt 2 Stunden im Kühlschrank ruhen lassen.

Den Teig auf einer mit Mehl bestreuten Arbeitsplatte so dünn wie möglich ausrollen. Traditionell werden dann mit einem Glas (6 cm Durchmesser) Kreise ausgestochen. Jeweils auf eine Hälfte etwa ½ TL Marmelade geben, die Ränder mit Wasser befeuchten und halb zusammenklappen, dann mit einer Gabel zusammendrücken und verschließen.

Zum Fritieren frisches Öl erhitzen. Zum späteren Eintauchen der Krapfen den Honig mit dem Weinbrand erwärmen. Wenn ein Brotwürfel im Öl in etwa 40 Sekunden knusprig wird (höchste Stufe bei einer elektrischen Friteuse), die *empanadillas* portionsweise (immer vier bis fünf) darin fritieren. Wenn sie anfangen aufzugehen, kommen sie für gewöhnlich an die Oberfläche. Mit einer Schaumkelle herumdrehen und goldgelb braten. Auf Küchenkrepp abtropfen lassen, während die nächste Portion fritiert wird.

Die *empanadillas* in den Sirup aus Honig und Weinbrand tauchen und auf einen Rost legen. Am Schluß alle Pastetchen auf einen Teller legen und mit Zucker bestreuen. Innerhalb eines halben Tages essen, sie schmecken frisch zubereitet am besten.

SANGRÍA

GEKÜHLTER WEINPUNSCH MIT ZITRUSFRÜCHTEN

Um vier Uhr an einem heißen Sommernachmittag, wenn das in Spanien übliche späte Abendessen näherrückt, ist ein Krug mit gekühltem Rotwein und Zitrusfrüchten das Köstlichste.

FÜR 4 PERSONEN

1 Flasche Rotwein, gekühlt
Saft von 4 Orangen
Saft von 2 Zitronen
2 Streifen unbehandelte Zitronenschale
2 EL Zucker
750 ml Mineralwasser, gekühlt
6–8 Eiswürfel

Eiswürfel in eine große Schüssel geben, den Wein darübergeben und die Zitronenschale hinzufügen. Die Fruchtsäfte auspressen, den Zucker hineinrühren und mit Mineralwasser auf 1,5 l auffüllen. Diese Mischung zum Wein gießen und in einem Krug aus Glas oder spanischer Keramik servieren. Viele spanische Geschäfte verkaufen *sangría*-Krüge mit blauer Glasur.

EL CARAJILLO

KAFFEE MIT WEINBRAND

Die *guardia civil* trägt ihre glänzenden Lacklederhüte aus Francos Zeiten nicht mehr. Aber in ländlichen Gegenden patroullieren die Männer immer noch paarweise auf Motorrädern. In den Bergen ist es kalt, und die Männer frösteln bei der Arbeit. In den Bars, in denen viele Menschen frühstücken, wärmen sie sich bei ihrem morgendlichen *carajillo* auf, bevor sie weiterfahren.

FÜR 2 PERSONEN

Starker Kaffee für 2 Personen
2 EL Spanischer Weinbrand
Zucker (nach Belieben)

Kräftigen Kaffee zubereiten, in kleine Kaffeetassen füllen und einen Eßlöffel Weinbrand dazugeben. Sie können aber auch Anis de Chichón verwenden; er ist eine sehr gute Alternative zum Weinbrand.

BAUERNHAUS Ein an der Hauswand gezogener Weinstock versorgt die Bewohner mit frischen Trauben und spendet im Sommer Schatten.

REGISTER

(kursive Ziffern beziehen sich auf die Rezepte)

BILDNACHWEIS UND DANKSAGUNG

Der Verlag dankt den folgenden Fotografen und Organisationen für die freundliche Genehmigung zur Veröffentlichung der Fotos:

3 Christian Sarramon; 6–7 Zefa Picture Library; 8 Guy Bouchet; 11, 13–15, 17 Retrograph Archive Collection; 22 Truchot/Explorer; 25 Truchot/Explorer; 29 Christian Sarramon; 30–31 Mike Busselle's Photo Library; 34 Pascal Hinous/Agence Top; 39 Carlos Navajas; 43 Anne Gael; 44 AGE Fotostock; 48–49 Mike Busselle's Photo Library; 50–51 Carlos Navajas; 52 Zefa Picture Library; 55 J. N. Reichel/Agence Top; 57 Zefa Picture Library; 64 J. Ducange/Agence Top; 67 Anthony Blake Picture Library; 68–69 Mike Busselle's Photo Library; 74–75 Philippe Roy/Explorer; 79 Ted Funk/Agence Top; 86–87 Philippe Roy/Explorer; 89 Christian Sarramon; 91 Robert O'Dea; 96 John Downman/Hutchison Library; 97 Philippe Roy/Explorer; 101 Carlos Navajas; 103 Carlos Navajas; 110–111 Andrew Eames/Hutchison Library; 112–113 Mike Busselle's Photo Library; 116 Mike Busselle's Photo Library; 120–121 John Miller; 129 J. Ducange/Agence Top; 133 The Anthony Blake Photo Library/Gerrit Buntrock; 135 Bernhard Régent/Hutchison Library; 137 François Gohier/Explorer; 139 John Miller.

Die Spezialfotos sind von Linda Burgess:
18–19, 33, 36–37, 40–41, 47, 60–61, 72–73, 76, 80–81, 84, 92–93, 98–99, 109, 114–115, 122–123, 126–127, 131.

Für die freundliche Unterstützung dankt der Verlag:
The Levant Trading Co., 10 Holland St., London W 8 4 LT
Gallery of Antique Costume and Textiles, 2 Church St., London NW 8.

BIBLIOGRAPHIE

Abad, Francisco und Rosario Ruiz, Maria, *Cocinar en Navarra* (1986).
Arroyo González, Manuel und Cerro, Carlos García del, *Quesos de Espana* (1988).
Brenan, Gerald, *Südlich von Granada* (1990).
Calera, Maria, *Cocina Castellana* (1980).
Calera, Maria, *Cocina Balear* (1983).
Calera, Maria, *Cocina Valenciana* (1983).
Calera, Maria, *Cocina Vasca* (1987).
Calera, Maria, *Cocina Catalana* (1988).
Calera, Maria, *Cocina Andaluz* (1988).
Capel, Jose Carlos, *Manual de Pescado* (1982).
Cunqueiro, Alvaro und Filquiera Iglesias, Araceli, *Cocina Gallega* (1988).
Duijker, Hubrecht, *Die großen Weine der Rioja* (1989).
Feibleman, Peter S., *Die Küche in Spanien und Portugal* (1979).
Ford, Richard, *Handbook for Travelers in Spain* (1845).
Ford, Richard, *Gatherings form Spain* (1846).
Garcia Hernandez, Isabel und Carmen, *La Mejor Cocina Extremeña* (1980).
Gerrard, John, *Herbal* (1597).
Gourmetour, *Guia Gastronomica y Turistica de Andalucía* (1988).
Landa, Angela, *El Libro de la Reposteria* (1988).
Llandonosa Giró, Josep, *Cocina de Ayer, Delicias de Hoy* (1984).
March, Lourdes, *El Libro de la Paella y de los Arroces* (1985).
Martinez, Elviro und Fidalgo, Jose, *Cocina Asturiana* (1982).
Martinez Llopis, Manuel, *Historia de la Gastronomia Española* (1989).
Martinez Llopis, Manuel und Ortega, Simone, *La Cocina Tipica de Madrid* (1987).
Metcalfe, Charles, McWriter, Kathrin und Simon, Johanna, *Die Weine Spaniens und Portugals* (1989).
Molyneux-Barry, David, *Die klassischen Weine der Welt und ihre Etiketten* (1990).
Ortega, Ines, *El Libro de los Huevos y de las Tortillas* (1986).
Pardo Vazán, Condesa de, *La Cocina Española Antigua* (1912).
Pérez, Dionisio, *Guía de Buen Comer Espanol* (1929).
Read, Jan, *Spanische Weine* (1984).
Rios, Alicia, *The Cocido Madrileño: A Case of Culinary Adhocism* In: Petits Propos Culinaires 18 (1984).
San Valentin, Luis: *La Cocina de Monjas* (1989).
Sordo, Enrique, *Arte Español de la Comida* (1960).
Torres, Miguel: *Die Weine Spaniens* (1990).
Vega, Luis Antonio de la, *Viaje por la Cocina Española* (1969).